**图书在版编目（CIP）数据**

图解孔家故事 / 骆承烈编著. -- 北京 : 中国地图出版社，2011.3
ISBN 978-7-5031-5910-7

Ⅰ. ①图… Ⅱ. ①骆… Ⅲ. ①孔丘（前551～前479）－生平事迹－通俗读物 Ⅳ. ①K825.1-49

中国版本图书馆CIP数据核字(2011)第025302号

孔子燕居像

大道之行也天下為公選賢與能講
信修睦故人不獨親其親不獨子其子使
老有所終壯有所用幼有所長矜寡孤
獨廢疾者皆有所養男有分女有歸
貨惡其棄於地也不必藏於己力惡其
不出於身也不必為己是故謀閉而不興盜
竊亂賊而不作故外戶而不閉是謂大同

孫文

布衣傳世　聖裔遞承
先哲遺澤　萬世斯永
歷代襃揚　取精用宏
丹青再現　共仰儒宗

張岱年

一九九〇年四月

同天並老

無憲萬邦

濤杰

繼承和發揚祖國
優秀傳統文化

孔德懋

己巳年秋于北京

# 序

水有源，树有根，中国人是龙的传人，炎黄是中国人的先人、中国人的根，中华传统文化是中国人思想的根。在两千多年来的中国历史上，国家提倡认可、民间约定俗成的儒家思想，是中华传统文化的主体或基础。作为儒家学派创始人的孔子，多年来被人们尊为“至圣先师”、“万世师表”。2006年联合国教科文组织设立并颁布“孔子教育奖”，说明孔子思想传承百代、播及四海。孔子“和”的思想将不停地造福于人类。过去、现在、未来，中国和世界都需要孔子思想。为此，我们应顺理成章地说：孔子是永远的！永远的孔子！

孔子在七十三年的人生历程中，面对着礼崩乐坏，天下大乱的形势，他努力学习先人的文化，到处调查、观察，认真揣摩，总结了一些哲理，提出了一套医治社会的良方。他的主张虽未能为当时掌权者所用，但其仁、礼、中庸，尤其是“和”的思想，努力学习前人文化，耐心教育后人，强调修身、修养的主张和做法，都为后人留下了精神瑰宝并树立了典范。孔子殁后，他的弟子们将其主张发挥、发展，逐渐扩大、延伸，其后世子孙也继承祖德，把孔子思想发扬光大。自唐朝初年起，尊崇与祭祀孔子及历代圣贤的孔庙（文庙）遍天下，历朝历代一些大儒继续钻研、发挥孔子思想，形成了各种儒家学派，丰富了儒家的思想。

一部代表孔子思想，集中记述孔子及其弟子言行的《论语》，两千多年来脍炙人口，经久不衰，其中一些论述、箴言早已成为后世国人重要的精神财富。近十几年来，中华传统文化逐渐升温，不论是“安定团结”、“建立和谐社会”，还是《公民道德标准实施纲要》以及“八荣八耻”的内容，都与孔子及儒家思想密切相关。

为了帮助人们了解孔子、孔子思想及孔子的影响，2002年骆承烈教授编著了《孔子历史地图集》。本书《图解孔家故事》融时空于一体，集图文于一身，通过《论语》内容的解读、评述来传播孔子思想。孔子思想博大精深，深邃奥妙，其中许多内容属于人类认识史上“永恒的范畴”。孔子的名言今日可读，明日可读，孔子思想的精华永远也不过时，这位世界级的文化巨人的思想与学说，将永远成为世人的精神财富。

骆承烈教授是我的恩师。他研究孔子五十年，讲学足迹遍及国内外。四十多年前，我在孔子家乡上大学时，聆听骆师讲中国古代史及《论语》等课程，终生受益。日后学习孔子当年学习、奋斗的精神，从事国画创作，小有成就，在国内及欧、亚一些国家获得首肯。为此常念中华传统之恩、思孔子《论语》之教。骆师的《图解孔家故事》，是中外古今第一本以空间表现古人思想之作，书中关于孔子的故事和《论语》评述，贴近社会、贴近现实，具有学术价值和实用价值。这一雅俗共赏的作品，定能为弘扬中华优秀传统文化、提高国民素质作出贡献。

孔子是中国的，也是世界的。孔子是古代的，也是今天的，还是未来的。

孔子是永远的！永远的孔子！

岳石

丁亥清明节于北京琉璃厂岳石画廊

（岳石，中国画院副院长、著名国画家，在国际上被誉为“中国的毕加索”，岳石先生还是孔子文化全球传播委员会专家顾问团特邀顾问。）

# 孔子综述

孔子，名丘，字仲尼。周灵王二十一年（鲁襄公二十二年，公元前551年）夏历八月二十七日，生于鲁国昌平乡鄹邑。其祖先是宋国的贵族，因内乱逃难到了鲁国，父叔梁纥是鄹邑大夫，一个“以武力闻于诸侯”的小武官，属于当时奴隶主的下层。年老的叔梁纥和年轻的颜征在结婚后生下孔子。在孔子3岁时，孔子的父亲便去世，所以孔子自称“少也贱”，做过些一般贵族所不愿做的事，如当过管理牛羊的“乘田”和管理仓库的“委吏”等。他办事认真勤恳，每项工作都做得很好。他从小就努力学习，广泛求教，致“博学多能”。30多岁时就有一些人拜到他门下为弟子，开始了早期的教育生涯。中年时，曾因鲁国内乱到过北面的齐国，发表过自己的见解。50岁时，做过鲁国的中都（今山东汶上）宰，因有政绩，不久升为鲁国管理土木建筑的司空及执掌司法、刑狱大权的大司寇。鲁定公十年（公元前500年）齐、鲁两国夹谷之会时，孔子曾“摄行相事”，在会盟中为鲁国立了功。不久，在内外反对势力的排挤下，离开鲁国，出访求仕，即从55岁到68岁，他周游列国长达14年之久。孔子先后到过当时的卫、宋、郑、陈、曹、蔡、楚等国和地区，到处宣传和推行自己的观点和主张，但却始终未得到参政的机会。10余年的飘泊生活，使他增长了阅历，丰富了自己的学说。重返故乡后，继续教授弟子,培养出一批有才干的弟子；整理古代文献，对我国古代文化作出积极贡献。周敬王四十一年(鲁哀公十六年，公元前479年)夏历二月十一日病逝于故乡曲阜。

鲁国是西周奴隶制国家的中心之一，保存了大量宗周的典籍和文物。孔子自小就勤奋学习，不耻下问，认真思考、钻研。又经过多年的政治和教育实践，逐渐形成了一套完整的思想体系及与之相适应的政治主张，创立了儒家学派，影响中国社会两千多年之久，并且远及国外。

孔子在钻研宗周的典籍和文物制度后，浸沉在宗周的礼乐中。他想要恢复宗周的制度，因而“祖述尧舜，宪章文武”，反对当时天子失政、诸侯擅权、“政在大夫”的现象，尤其反对那些“犯上作乱”的僭越行为。他为了恢复周礼，贯彻“君君、臣臣、父父、子子”的“正名”主张，提出了一个改造社会的办法，便是“仁”的思想。在记载孔子与弟子言行的《论语》二十篇中，“仁”字就出现过100多次 。他对“仁”赋予各种不同的解释。如“克己复礼为仁”，是要奴隶主克制自己的贪欲，恢复周礼，以达到“仁”的境地。“仁者爱人”、“泛爱众，而亲人”是要用“仁”来调整人与人之间的关系。“己所不欲，勿施于人”是要人们互相尊重，互相支持。“恭、宽、信、敏、惠”、“刚毅木讷为仁”，“仁者，其言也讱”、“巧言令色，鲜矣仁”是说一个“仁”者不要夸夸其谈，处世时应有一定的修养。此外“仁”还包括孝、悌、忠、信、智、勇等方面的内容。孔子把“仁”当作人们最高的境界，当作治国安邦之道，当作为人处世的行为规范，要人们一举一动都符合“仁”。他又把“仁”和“德治”结合起来，要统治者“为政以德”，要当政者“养民也义，使民也惠”，“使民以时”，“博施于民而能济众”。即在保证奴隶主剥削的前提下，让奴隶们能活下去。这种减轻剥削的思想和重视人、在一定程度上承认人的人格的主张，在当时虽未为贪欲日增的奴隶主统治者所接受，但对以后的封建统治者却有不少参考价值。

孔子认为夏、商、周三代相沿袭，能继承，后世也能继承古代。他把历史比作滔滔不断的河水，说“逝者如斯夫，不舍昼夜”。他多次赞誉尧、舜、禹、汤、文、武、周公等古圣先贤们的“仁政”和“德治”。他主张“礼乐征伐自天子出”，希望在周王的统治下达到天下统一。

作为思想家，孔子有一套完整的哲学体系。“子不语怪、力、乱、神”，是说他不喜欢谈论鬼怪之事。《论语》中虽有数处谈及“天”和“命”的话，但他却往往把“天”当作一种自然规律来对待。他认为“天何言哉，四时行焉”。他愿谈人事，不愿谈鬼神，他愿谈生，不愿谈死。他认为“祭神如神在”，把对祖先与神灵的祭祀只当作自己思想的寄托。他认为“性相近也，习相远也”。主张一个人生下来性虽一样，但可以通过学习，增长知识，改变思想。他提倡“人能弘道，非道弘人”，注意到发挥人的主观能动性。他主张“磨而不磷，涅而不淄”，坚定自己的信念，不轻易动摇，但却又把“中庸”思想推崇为人类最高的美德，力求通过“中庸”的办法协调社会上的一些矛盾，达到稳定统治的目的。

孔子一生中，大部分时间从事教育活动。他的教育思想、教学原则和方法等在中外教育史上都产生过重大影响。他兴办私学，主张“有教无类”，适应了当时中小奴隶主需要受教育和参政的要求。这样做，打破了当时“学在官府”，即由少数贵族垄断教育的情况，对我国古代文化的发展和普及都起到了积极的作用。

孔子办教育的目的是培养维护统治阶级利益的人才，他主张“仕而优则学，学而优则仕。”他对学生施以“文、行、忠、信”的“四教”，“礼、乐、射、御、书、数”的“六艺”。他一生教出3000弟子，其中贤人70多。他在“德行、言语、文学、政事”等方面分别对弟子进行了重点培养。孔子特别好学，他教导弟子们也要有好学、乐学的精神。他要求学生“学而不厌”，他要学生们“志于道，据于德，依于仁，游于艺”，既重视对学生们的思想教育，又要学生们切实学到实际的技能。他经常用启发、答问的方式来开导学生，发挥学生的主观能动性，更善于根据学生们的不同特点进行教育。他不但提倡勤学、博学，还主张要虚心地学，“知之为知之，不知为不知”，认定“三人行必有我师焉”。他主张学习结合、学思结合、学行结合。在对学生施教时，重言教，更重身教。他对学生们既严格要求，又爱护备至，自然也得到学生们的尊敬、爱戴。当然在他的教育思想中，也不可避免地有些落后、保守的内容。

孔子自称是一个“述而不作，信而好古”的人。他为了继承古代的文化遗产，曾废寝忘食地钻研三代的礼乐典章，删诗书，订礼乐，赞周易，作《春秋》。把一些古代文献加以整理，当时用作教材，也给后世留下一批宝贵的遗产，对我国古代文化的发展作出了重大的贡献。

孔子将自己的主张传授给许多弟子。颜回学习最好，可惜早死。孔子的主要主张被其弟子曾参继承下来，曾参传给孔子的孙子孔伋(子思)，孔伋的弟子又传给邹人孟轲。以孔子为代表创建的儒家学派，两千多年来曾被历代统治者奉为正统思想。孔子一生维护奴隶制的愿望未能实现，但他的主张却被后来封建社会的统治者加以改造利用。我国封建制度建立并强大后的西汉帝国开始尊孔。汉武帝“罢黜百家，独尊儒术”，汉元帝把孔子尊奉为“褒成宣尼公”，唐玄宗尊为“文宣王”，宋真宗尊为“至圣文宣王”，元武宗尊为“大成至圣文宣王”，明世宗尊为“至圣先师”，清圣祖尊为“万世师表”。多年来，在其故乡修建起了“巍焕崇闳，坚致壮丽”的孔庙和大型孔氏家族丛葬地孔林。历代帝王对其后代给以种种优礼恩渥，封其嫡裔子孙为奉祀君、文宣公，北宋初年封为“衍圣公”，世袭八九百年之久。

孔子的思想，对后世影响深远。本书通过讲解孔子的故事和评述部分《论语》的内容，深入浅出地阐述孔子思想，力图传播儒学，光大中华传统文化。

# 编辑说明

本图集反映了孔子生活的时代背景，孔子的政治活动、思想言论和教学活动以及孔子对后世的影响。本图集以地图为主，附以图表、照片、文字说明及《论语》部分内容的译文及评述。其中专题地图、图表、文字为曲阜师范大学孔子文化学院教授骆承烈先生所编著，凝聚了多年研究的心血。本图集包含地图20余幅，时间跨度3000多年。由于时间跨度大，自然地理、行政区划均有巨大变化。因此我们在编绘时，参考了中国地图出版社出版、谭其骧先生主编的《中国历史地图集》，尽可能复原历史事件发生、发展的时空原貌。为了方便读者阅读，重要地名均作古今对照，今内容用棕色表示。今地理底图采用中国地图出版社出版的《中华人民共和国分省地图集》、《最新世界地图集》中的有关图幅。今国界线按照中国地图出版社1989年出版的1：400万《中国地形图》绘制；今行政区划截至2006年底。本图集地图除提供统一图例外，又考虑到涉及历史事件颇多，为方便读者阅图故每幅图均有分幅图例。

# 专题图统一图例

## 古

| 图例 | 说明 | 图例 | 说明 |
| --- | --- | --- | --- |
| ◉ | 都城 | | 国界 |
| ◎ | 王朝行都、大诸侯国都、府州驻所 | | 府、州界 |
| ⊙ | 小诸侯国都、县级驻所 | | 县级界 |
| ○ | 一般居民点 | | 湖泊、河流 |
| | | | 运河 |

## 今

| 图例 | 说明 | 图例 | 说明 |
| --- | --- | --- | --- |
| ◉ | 首都 | | 特别行政区界 |
| ○ | 一般居民点 | | 县界 |
| | 国界 | | 湖泊、河流 |
| | 省级界 | | 运河 |

# 目次

# 中华人民共和国地图

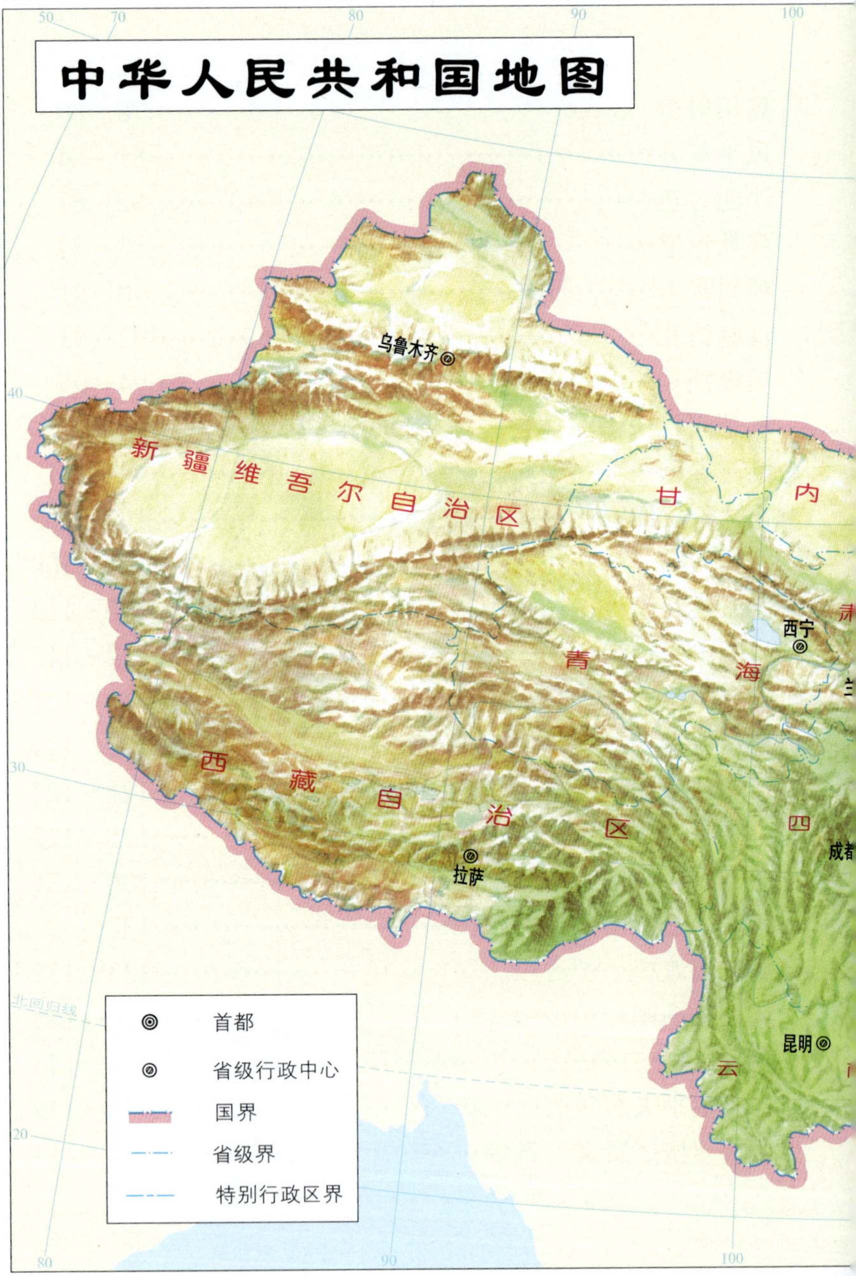
乌鲁木齐
新疆维吾尔自治区
甘
内
西宁
青
海
西藏自治区
拉萨
四
成都
昆明
云
北回归线
首都
省级行政中心
国界
省级界
特别行政区界

古自治区
黑龙江
哈尔滨
吉林
长春
辽宁
沈阳
河北
呼和浩特
北京市
北京
天津市
天津
渤海
山西
太原
石家庄
济南
山东
陕西
西安
郑州
河南
江苏
安徽
合肥
南京
上海市
上海
黄海
日本海
朝鲜海峡
湖北
武汉
杭州
东海
重庆
浙江
江西
南昌
湖南
长沙
福建
福州
台北
台湾
台湾海峡
贵州
广东
广州
香港
澳门
香港特别行政区
澳门特别行政区
澎湖列岛
东沙群岛
巴士海峡
西壮族自治区
南宁
海口
海南
南海
太平洋
广西
东沙群岛
西沙群岛
中沙群岛
南沙群岛
曾母暗沙
南海诸岛

# 山东省地图

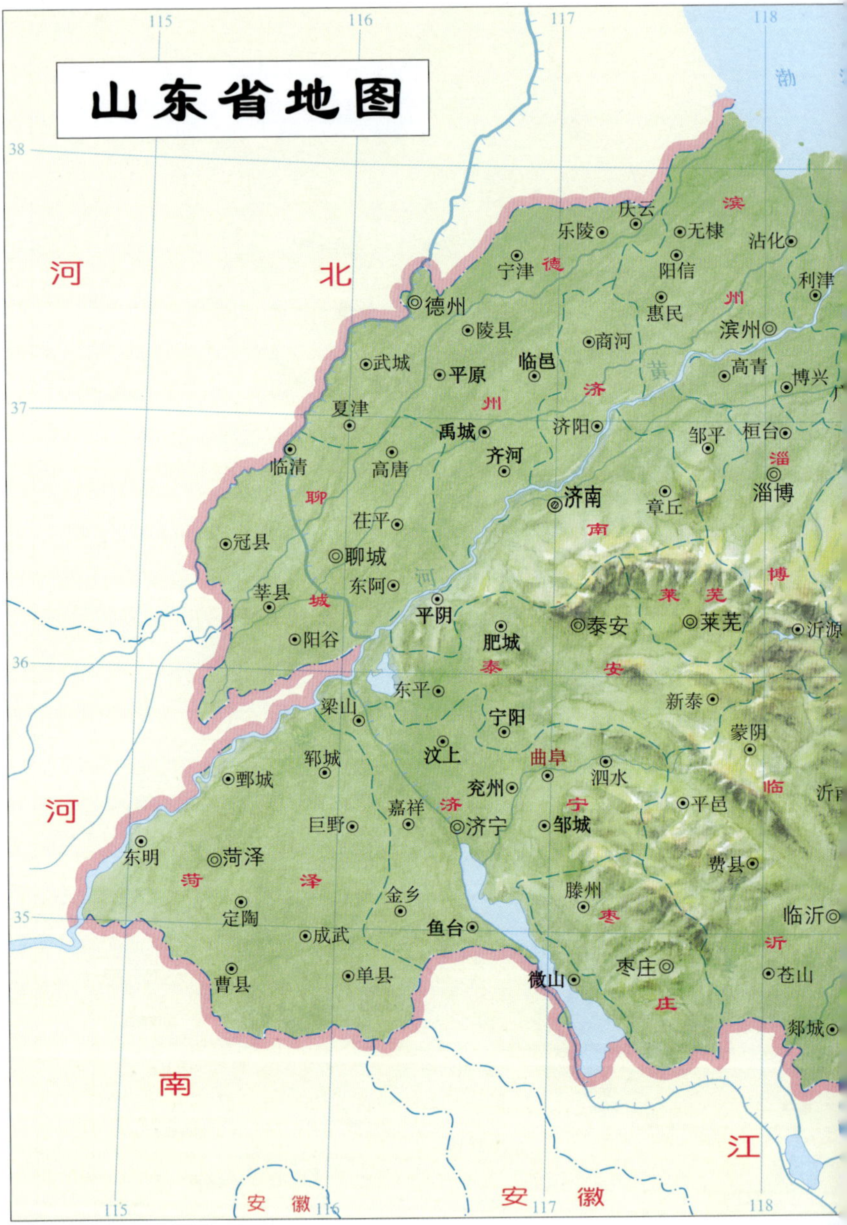

河北
河南
安徽
江
渤
黄
河
滨州
德州
济南
聊城
淄博
莱芜
泰安
济宁
菏泽
枣庄
临沂
庆云
乐陵
无棣
沾化
宁津
阳信
利津
惠民
陵县
商河
武城
平原
临邑
高青
博兴
夏津
禹城
济阳
邹平
桓台
临清
高唐
齐河
章丘
茌平
冠县
东阿
莘县
阳谷
平阴
肥城
沂源
东平
梁山
新泰
宁阳
蒙阴
汶上
曲阜
郓城
鄄城
泗水
兖州
平邑
嘉祥
巨野
邹城
东明
费县
滕州
金乡
定陶
鱼台
成武
单县
曹县
微山
苍山
郯城
115
116
117
118
38
37
36
35

渤　海
黄
海
莱　州　湾
长岛
蓬莱
龙口
烟台
威海
招远
烟
台
栖霞
文登
威
荣成
莱州
海
莱阳
乳山
昌邑
莱西
平度
潍
潍坊
青
海阳
安丘
高密
即墨
胶州
坊
岛
青岛
诸城
胶南
日
五莲
莒县
照
日照
莒南
苏
省级行政中心
地级市行政中心
县级市、县级行政中心
省级界
地级界

## 子张问政。子曰："居之无倦，行之以忠。"

**【译文】**孔子的弟子子张向他问起怎样从政的事，孔子回答："当政的时候，不要疲倦懈怠疏忽，办起事来要有一颗忠心。"

**【评述】**寥寥八字的回答，体现出孔子对当政者的基本要求。要求当政者积极从政和坚持原则。孔子所谓的从政，从事的是维护统治和控制的活动，坚持的原则是维护统治之道，是执政阶级的利益。这些基本内容，我们当然应该批判。但从他对从政者提出这两项具体要求来说，反对敷衍搪塞，不负责任，无所作为和见风使舵、放弃原则的主张，对后世也有参考价值。

## 周公封鲁

西周时的鲁国，是周天子给周公的封地。

周公姓姬名旦，是周武王的胞弟，他是我国奴隶制繁盛时期的政治家。周公旦曾作为周王朝的主要谋臣，辅佐武王伐纣，一举推翻了腐朽的商朝奴隶制国家，占领了商朝原来统治的地方。对于被征服的商族人如何处置？姜尚主张把敌人全部杀掉，召公主张“有罪者杀，无罪者活”，周公则提出了更加高明的主张，就是既要武力监视又要加以笼络的办法。武王采纳了周公的建议，将纣王之子武庚留在商都。为了控制商人，另派武王之弟管叔、蔡叔和霍叔加以监督，称作“三监”。不久，武王病死，周公掌管政务，管叔、蔡叔散布流言，说周公要谋篡王位，伙同武庚联合东夷一些部族的力量一起反周。周公二次领兵东征，平定了叛乱，杀了武庚和管叔，流放了蔡叔，进一步巩固了周王朝的统治。

西周统治者为了对广大征服地区进行统治，在周公谋划下，实行了全国大分封。东方的商族遗民很多，反周力量雄厚，形

**子路问政。子曰：“先之，劳之。”请益。曰：“无倦”。**

**【译文】**子路问孔子如何从政，孔子回答：“让人家干的事你先干，然后才能让别人勤劳地工作。”子路请求老师再多讲一点，孔子接着说：“永远不要疲倦懈怠啊。”

**【评述】**孔子是个积极的入世者，他对从政治国从来是积极的。在对子路的这两句回答中，充分体现出两点意思：一是带头干些事情，一是积极地去干。这两点确实抓到了根本。因为干与不干是干好干坏的前提。要想做一番事业，就要下一番努力。要想叫别人干事，自己首先要干出个样子来。只有自己做到的事情，才能让别人做到。

势比较复杂，统治起来比较困难，西周便将朝内最有经验的两名大臣——姜尚与周公分别封到这里，建立了齐、鲁两个大诸侯国。周公有着丰富的统治经验，他主持制定了奴隶制繁盛时期的宗法制、分封制、世袭制等制度，尤其重视运用更多奴隶主的力量进行统治。他竭尽忠心，拥戴周成王的史实，为后代所称赞。今山东嘉祥武氏祠及曲阜孔庙西庑的汉画像石上，便有多幅“周公辅成王”的画像。

后世为了纪念周公，在鲁城中心今曲阜城东北修建了周公庙。庙内正殿（元圣殿）正中有身穿王服、头戴王冠的周公塑像。庙内东、西两面立有“经天纬地”、“制礼作乐”两大石坊，对他的历史功绩进行表彰。历代帝王曾竞相把周公封为“先圣”、“元圣”、“文宪王”。其后代被封为“翰林院五经博士”，岁时奉祀。历代帝王还不断颁赐一些田产，在曲阜的周公之后（复姓东野），逐渐发展为曲阜的一个大族。

**仲弓为季氏宰，问政，子曰：“先有司，赦小过，举贤才。”曰：“焉知贤才而举之？”子曰：“举尔所知。尔所不知，人其舍诸？”**

**【译文】**仲弓做了季氏家的总管，向孔子请教为政之道时，孔子对他说：“干事要干到做具体工作的人员的前头，对于人家的小错误不要过分计较，发现贤能之士便提拔上来。”仲弓问：“怎样知道哪里有贤才，并把他提拔上来呢？”孔子回答：“那就提拔所熟悉的人吧。至于那些你所不知道的贤才（自然也会有人提拔），难道人们会埋没他们吗？”

**【评述】**孔子对仲弓回答的这三句话，意思是严以律己、宽以待人和选贤任能，一个人当他考虑自己的利益过多或工作起来劲头不足时，最容易出现对己宽、对人严的毛

**周公辅成王**

此画像石中计八人，画面中间头带三角冠的少年是成王，左边双膝跪地献巾的是周公，右边躬身执盖的是召公，另外五个大臣躬身执笏立于两旁。此画像石为东汉时山东嘉祥武氏墓群石刻。

病，那样就当然做不好自己份内的事情。孔子认为当政者对其下属来说，做事情要做在他们前头，给自己的下属做出榜样。发现下属的小过失要宽宏大量地宽恕他们，并主动承担责任。这样，他们才会在你的教育和感染下不再犯错，才能做到从心眼里拥护你。他还认为善于发现人才，更是一件大事，只有不断地把贤能之士提拔到执政的岗位上，政治才能清明，国家才能治理好，这是一项正确的主张。在说到如何发现人才时，孔子集中说明了贤才到处都有的事实，不但自己国内有，别处也有很多。你所知道的你举荐，别人知道的别人举荐。人人都重视贤才，便可使国家得到贤才。贤者能施展抱负，便可把国家治理好了。

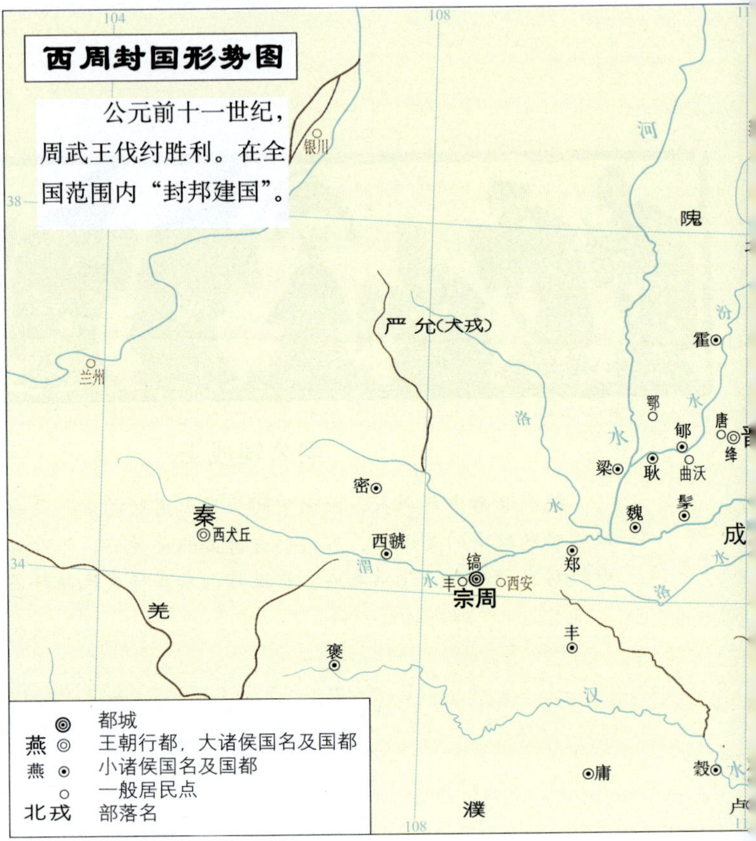


**子游为武城宰。子曰：“女得人焉耳乎？”曰：“有澹台灭明者，行不由径。非公事，未尝至于偃之室也。”**

**【译文】**在子游任武城的地方官时，孔子问他：“你得到什么人才了吗？”子游回答说：“有个叫澹台灭明的人，这个人从来走路不贪近路走小道。不是因为有公事，从来不到我屋里来（闲扯或乱奉承）。”

**【评述】**本文说的是子游在两件小事上对澹台灭明进行了表彰，其意义在于：衡量一个人是不是忠于职守，重要的是看他能不能公事公办。走路不走小路，是件小事，无公事不到上级那里闲坐，也是小事。但从这两宗小事中却体现出澹台灭明此人不拉拉扯扯、吹吹拍拍，不去向上级献殷勤、讨好感，而是公事公办，循规蹈矩。孔子欣赏

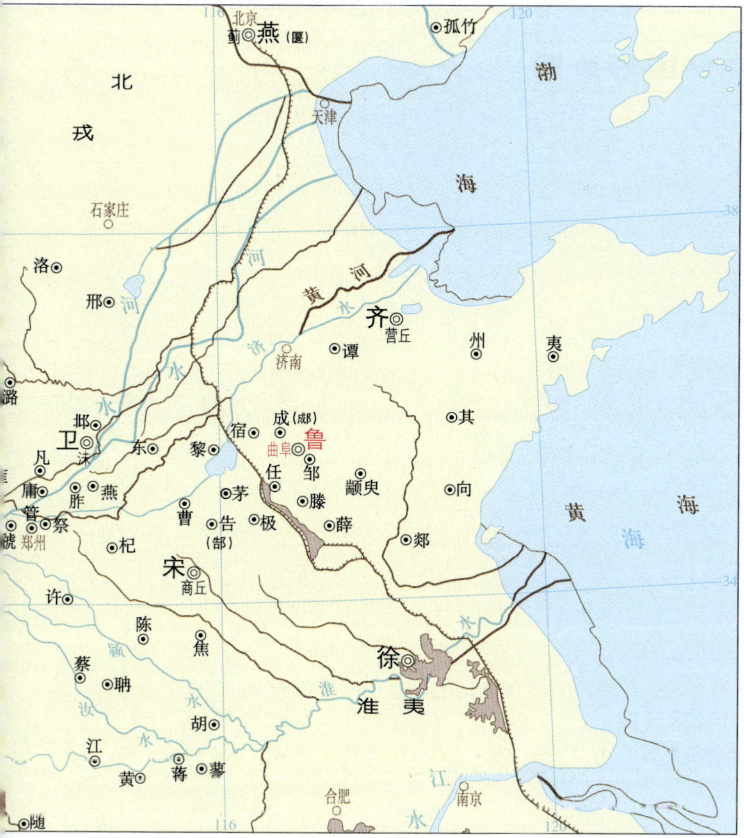


这种做法。子游既看到此人这一点，说明他对人品有正确的判断力。

**季康子问政于孔子。孔子对曰："政者，正也。子帅以正，孰敢不正？"**

**【译文】**季康子向孔子问起政治的事。孔子回答："政就是端正的意思。你自己带头端正了，谁又敢不正呢？"

**【评述】**孔子认为政治就是端正，统治阶级在施行统治时，应该坚持住自己的原则：一是统治人民要有严格的等级分野，一是在统治过程中不应过分贪婪，两者违背了一项便是不正。孔子认为，要想治理好国家，就要坚持这样的原则。只有自己带头坚持这些原则，别人才能这样办，也才能把国家治理好。这种主张为后世不少统治者用作参考。

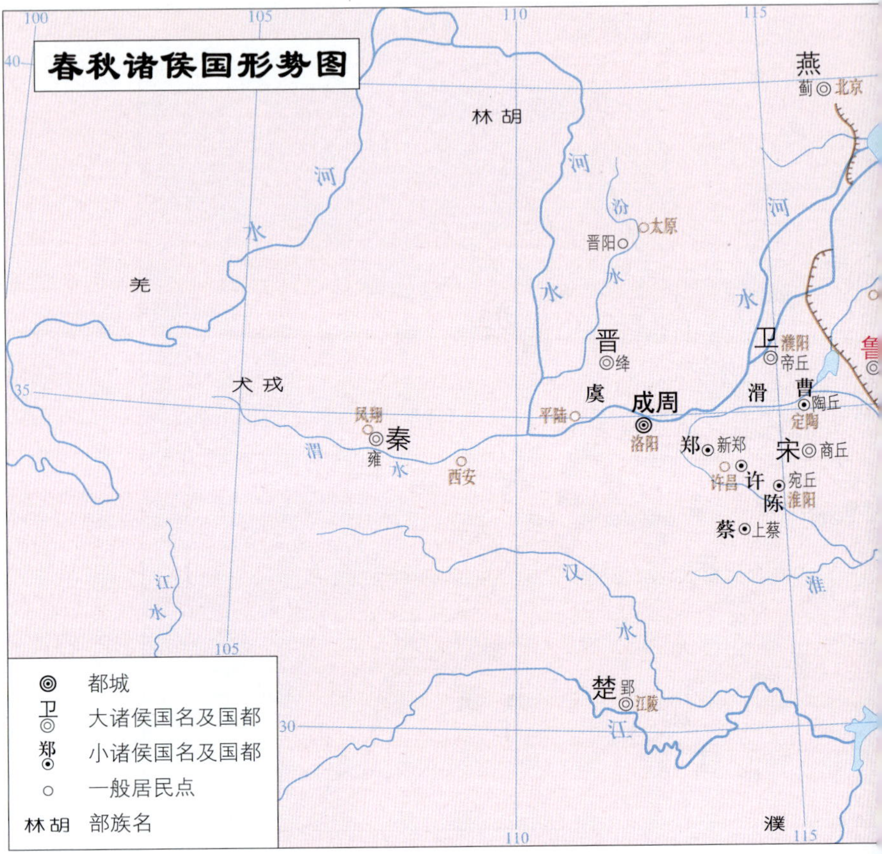


**子曰："邦有道，危言危行；邦无道，危行言孙。"**

**【译文】**孔子说："如果国家政治清明，可以直言，更应当行为正直；如果国家政治不清明，行为尽管保持正直，但是言语上却要谦逊、委婉一点。"

**【评述】**孔子认为，一个大臣，对国家大事，从来都应公平处理、办事公正，坚守大节。不论在国家政治清明或不清明时，都应坚持这种原则。这种坚持在具体方式上很有讲究：政治清明时，国君能听进逆耳直言，大臣们认为只要对国家有利，便可直言。但当国家政治不清明时，国君不愿意听不同意见时，大臣们向国君提出建议，不要操之过急，说起话来语言要谦逊一些，口气要婉转一些。这是孔子为做人臣者总结出来的一些经验。

春秋时期，周王居于成周。

主要诸侯国有：

齐，都临淄；鲁，都曲阜；郑，都新郑；燕，都蓟；晋，都绛；陈，都宛丘；曹，都陶丘；蔡，都上蔡；许，都许；宋，都商丘；卫，都帝丘；秦，都雍；楚，都郢；吴，都姑苏；越，都会稽。

还有虞、滑等小国及骊戎、山戎、犬戎、东夷、羌、林胡等部族。

古时水陆攻战图 （采自《武氏墓群石刻》）

**子曰：“善人为邦百年，亦可以胜残去杀矣。诚哉是言也！”**

**【译文】**孔子说：“有能力的人治理国家连续到一百年，就可以克服残暴免除虐杀了，这句话说的真对啊！”

**【评述】**孔子主张仁政，反对强暴，因而对于能够制止残杀的人很推崇。在这里，他引了别人的一段话，加以赞扬，实际上这段话正反映了他自己的主张。他把那种能把国家治理好，即有本事、有才能的人称做“善人”，他赞扬这种“善人”，自己正是要做这样的“善人”。

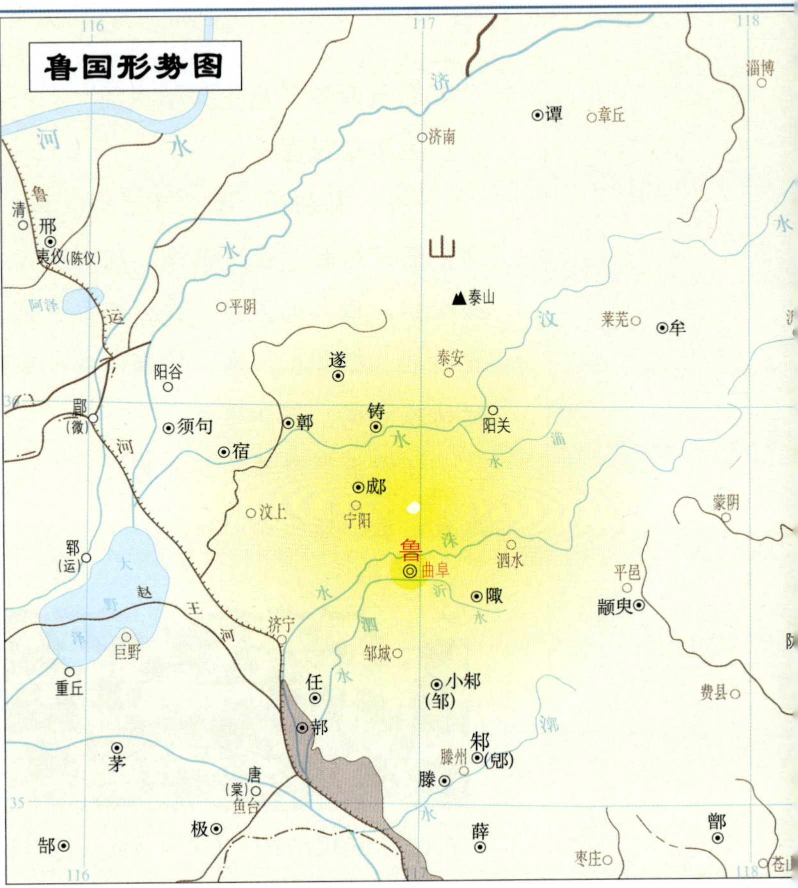


子曰：“其身正，不令而行。其身不正，虽令不从。”

**【译文】**孔子说：“一个统治者如果本身做事正当的话，不用发令，别人也会照他的样子干。如果自己行不正，虽然神气活现地发号施令，但却没有人听从他的。”

**【评述】**孔子对言和行的关系从来都是很重视的，他不是在嘴上说一套，行动上做一套，也不说空话吓人。更反对那种自己办不到却非要别人办的坏作风。他认为统治者与百姓是风与草的关系，风吹得正当，草便正当地倒，如果是股歪风、邪风，草也不会倒向好处。实干才有号召力，实干才有发言权。只有说到做到的人，才能令人心悦诚服，才能使人跟着他走。

鲁国是西周重要的封国之一。鲁国的疆域大约在今山东的西南部。各代盛衰不同，疆域大小也不相同。到了战国后期的鲁顷公二十四年（公元前249年），鲁终被楚国灭亡。

注：鄅，古地名也写为陬

子曰：“为政以德，譬如北辰，居其所而众星共之。”

**【译文】**孔子说：“如果治理国家使用德治，那么统治者就如同天上的北极星一样，别的星辰都环绕着他。”

**【评述】**孔子极力赞扬德治，更极力赞颂施行德治的统治者。他用天上众星环绕北极星的生动例子，来比喻人人都拥戴的施德者，既形象，又贴切。

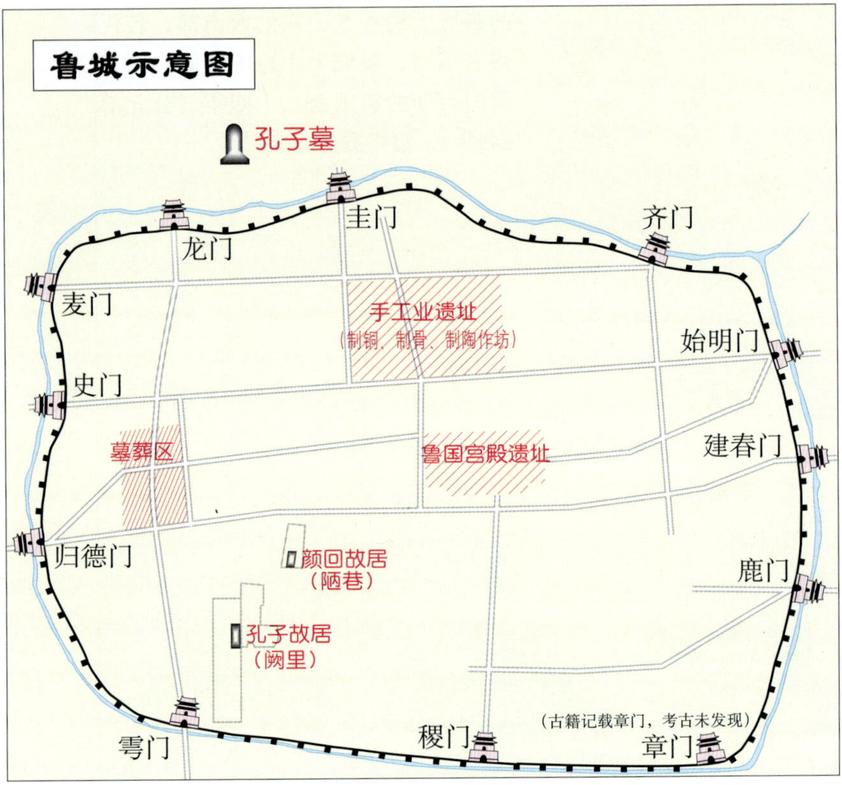


## 叶公问政。子曰："近者说，远者来。"

**【译文】**叶公向孔子问到治理国家要达到什么标准的问题，孔子回答："（施行的政令）要使境内的人高兴，境外的人到你这儿来。"

**【评述】**孔子从来认为从政治国的主要内容是得民，即得人心。政令施行的好坏，不应以自己的主观想象为标准，也不应以周围人的吹捧为标准，而是以民心的向背为标准。得民心者则昌，失民心者则亡。如果治理国家时，能使近处的百姓高兴接受统治，那么，远处的百姓就会纷纷前来投奔，那将是兴旺发达的一番景象，这样的施政便算成功了。

鲁国最大时，东到今费县，西到今鱼台，南到今邹城，北到泰山脚下。最小时只有一座鲁城，城外便是齐国的土地。

鲁城是鲁国的政治、经济、文化中心。元人杨奂《东游记》载："鲁门一十有二：正南曰稷，左曰章，右曰雩。正北曰圭，左曰齐，右曰龙。正东曰建春，左曰始明，右曰鹿。正西曰史，左曰麦，归德其右也。"

1977年，山东省考古队曾组织力量对鲁国故城遗址进行过考古发掘，其结果与文献记载基本相合：

鲁城平面呈不规则长方形，城垣四角呈弧形，无急转弯。实测结果是：东垣2531米，西垣2430米，南垣3250米，北垣3560米。城垣总周长11771米，面积约8.4平方千米。

鲁城墙基础宽大，都在3.8米左右，从目前残存的最高处观察，当时约高10米。堪称我国城市发展史上的杰作。

**子曰："听讼，吾犹人也，必也使无讼乎？"**

**【译文】**孔子说："审官司问案子，我和别人差不多。但是我希望的是日后最好没有诉讼才好。"

**【评述】**对作为大司寇的孔子来说，审官司问案子，是其份内的事。按律办案只是一个方面，孔子想得比别人更多、更远。他能进一步想到最好是没有人打官司，天下没有争斗，没有诉讼才好。他希望自己的大同理想实现以后，人人不为私利奔走，便能消除各种争端而息止诉讼。这在当时是一种不可能实现的空想。孔子说这话的目的，是希望人人以"仁"作标准来衡量自己的行动，并用"仁"来协调矛盾，消除争端。由此可知，孔子想的比别人更深一些。

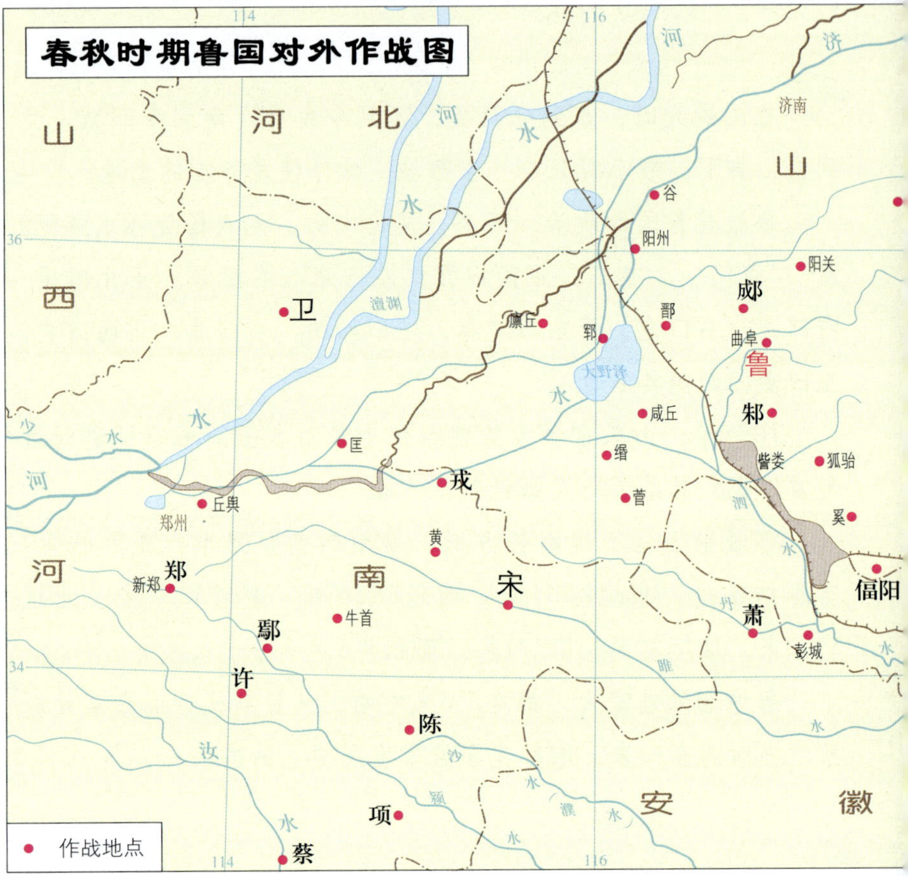

春秋时期鲁国对外作战图

## 子夏为莒父宰，问政。子曰：“无欲速，无见小利。欲速则不达，见小利则大事不成。”

**【译文】**子夏做了莒父的地方官，向孔子请教如何治理。孔子说：“办起事来不要只图快，不要只贪图小便宜。想快反而达不到目的。如果只贪图小利，便做不成大事。”

**【评述】**孔子在这里论从政时，只说了方法。他用“欲速则不达，见小利则大事不成”这两句话，来说明他老老实实干实事和公正廉明抓大事的两个论点。人们做起事来，为了速成，往往喜欢走那种不该走的“捷径”，其实就是偷懒，是沙上建塔的做法。“欲速则不达”表明孔子反对走“捷径”，提倡踏踏实实的作风。“见小利则大事不成”是要人们从长远处想，为长远处做事，不要为眼前小利耽误了日后的大事，不要为一

## 曹刿论战

古鲁国有个地方叫长勺，在这里曾发生过一次战斗，留下了一段脍炙人口的故事：鲁庄公十年（公元前684年）春天，齐国发兵攻打鲁国，当时齐国正是桓公在位的时候，国力强大，来势汹汹。开战之初，鲁庄公主张马上出兵抵御。这时有一个出身下层叫做曹刿的人，要见鲁庄公对战事发表一些见解。他的同乡对他说：“国家有事，有贵族们操心，你何必过问呢？”曹刿理直气壮地说：“贵族们只看到眼前的利益，眼光并不长远。”

鲁庄公接见曹刿，问他有什么高见。曹刿建议将一些必需的财物分给众人，以安抚民心。又提出国君对百姓应讲究信用，明察秋毫，才能得到百姓的拥戴。鲁庄公听了他的话，采取措施，得到民心以后，便与曹刿

己之利影响了大局，为了达到大目标，应该忍受暂时的一点损失。这两句话排除其阶级色彩，还是可以找出一些哲理来的。

**子曰：“里仁为美。择不处仁，焉得知！”**

**【译文】**孔子说：“住的地方，要讲仁德（和睦相处方好）。选择住处，如果不讲仁德的话，那能算作聪明吗？”

**【评述】**这是孔子“仁”的思想的又一体现。邻里是日常生活中经常遇到的人，只有和睦相处，才能相互帮助和推动，才能有个安定的环境。那种自私、贪婪、尖酸、刻薄、斤斤计较的不讲仁德的人，是处理不好邻里关系的人。不讲仁德的人也是最不明智的人。此说可供后人参考。

同乘一辆兵车，率军开到长勺，准备与齐军大战。

两军对垒，摆好开战的阵势，齐军擂起战鼓，准备向鲁军进攻了。鲁庄公按照常规准备下令迎敌，却被曹刿阻止住。接着，齐军二次擂鼓进攻，曹刿还不主张开战。直到齐军擂过三次战鼓以后，曹刿才下令进军。鲁军勇敢地向前迎去，一阵冲杀，很快便取得了胜利。

鲁军获胜，齐军败逃，鲁庄公要下令追击，曹刿又阻止了。他下车朝地上的车辙看了一下，又登上车向远处看了一会以后，便果断地下令追击。经此一追，鲁国获得胜利。仗打完了，鲁庄公对曹刿这种指挥作战的方式茫然不解，便向他询问刚才那样指挥的道理，曹刿说："打仗的事，全凭勇气，一鼓作气时，劲头最大，第二次劲就没那么足了，第三次力量就开始衰竭了。敌人擂鼓三次，已到力竭之时。而我们第一次擂鼓，士气正在旺盛的时候，所以能够战胜敌人。至于追击的事，对方是个大国，我怕他们有埋伏，所以不敢马上追击。等到我下车看到齐军的车辙乱了，又登高看到齐军的旗帜乱了以后，知道齐军是

**子曰："无为而治者，其舜也与？夫何为哉？恭己正南面而已矣。"**

**【译文】**孔子说："自己从容安静而使天下太平的人，大概只有舜吧？他干了些什么呢？（他不过）庄严端正地坐北朝南地当君主罢了。"

**【评述】**孔子赞赏"无为而治"，是针对着当时国君"为"太多（即扰民太多）而发的。统治者的贪欲日益增长，千方百计剥削、压榨人民，这在孔子看来是不合"仁"道的。残酷统治只能使生产遭到破坏，民生凋蔽，民不聊生。孔子树起舜的榜样，要当时国君向他学习，再次体现了孔子的"爱人"（即放宽剥削）的思想。

真正战败而逃，这时我才主张追击。”

曹刿能以在战争中多观察，多分析，摸清交战双方的心理，并利用这些规律取得胜利的事，多年来传为历史佳话。“一鼓作气”后来也成为人们惯于使用的一个成语了。

夫战，勇气也。一鼓作气，再而衰，三而竭。

**子曰：“先进于礼乐，野人也；后进于礼乐，君子也。如用之，则吾从先进。”**

**【译文】** 孔子说：“先学了礼乐后做官的人，是无爵禄凭本事做官的在野之人。后学习礼乐而先做上官的人，则是凭爵禄当官的贵族子弟。如果我挑选人才的话，我是要挑选前一种人的。”

**【评述】** 自商周以来，历代的世卿世禄制规定：先人当了官的，其后代注定要当官，要有俸禄。前代人没有做过官的人家的子弟，是很难当官和拿到俸禄的。随着社会的发展，有些人凭着自己的本领当上官，便冲击了当年的传统的世卿世禄制。孔子从来主张当官就要学习当官的本领（主要学礼乐）。他认为先当官后学习者是不得已而学，不一定能学出什么真本领。其水平不一定能达到一定高度。但是那种先通过学习有了

真本领又凭其本领才当上官的人，乃是有真才实学的人，其学问必有独到之处。因此应选拔这样的人才。这段话体现出孔子对多年来世卿世禄制的不满和他比较切实的人才观。

**子曰：“人而不仁，如礼何？人而不仁，如乐何？”**

**【译文】**孔子说：“一个人如果不仁，怎样对待各种礼制呢？一个人如果不仁，又怎样对待音乐呢？”

**【评述】**孔子向来十分重视礼乐，认为这是国家中最大的事情。因此，学习起来，首先要学礼乐，林放问“礼之本”时，孔子说“这可是大事”，他把礼当作人世间最根本、最重大的一件事。但他也认为人们具备“仁”心更重要。如果一个人心中没有

## 柳下跖起义

春秋时期，随着经济的发展，各国政治上发生了很大的变化，奴隶制的旧秩序被打破，出现了“礼崩乐坏”的现象。各国的国人反抗，役人暴动，“民溃”，奴隶、工匠们的反压迫斗争，层出不穷。在鲁国发生了柳下跖造反的故事。

跖，是春秋末年鲁国奴隶起义的领袖，人们习称“盗跖”，也叫柳下跖。马国翰《玉函山房辑逸书》引《古文琐语》中，记春秋末年鲁国的季康子与人对话中曾说到“柳下跖”，可知此人应是春秋时鲁国北部柳下地区的奴隶。

《庄子·盗跖篇》等古书记载跖曾率领着九千人（或几千人）的奴隶起义大军造反。起事不久，将队伍拉到泰山南麓休整。在这支奴隶起义队伍内，有男有女，有老有幼。他们到处劫掠奴隶主的财物，打乱了奴隶制的统治秩序。奴隶们为了活命，猛打猛冲，迫使大奴隶主紧紧守住城池，不敢出来；小的奴隶主连城门也不敢打开。跖及他的队伍不但在鲁国到处活动，同样在北面的齐国、西面的晋国，甚至最西面的秦国留下了足迹。当然跖一个

“仁”，便无法对待礼乐，礼乐便不能正常地推行。“仁”和“礼”都是孔子主张加强统治的两种法术，其不同处在于一个是里，一个是表。里比表更重要，“仁”比“礼”更根本，因此没有“仁”，礼乐便无法推行。孔子这段话体现出他对内容的重视超过形式的主张。

**子贡曰：“我不欲人之加诸我也，吾亦欲无加诸人。”**

**子曰：“赐也，非尔所及也。”**

**【译文】**子贡（端木赐）说：“我不愿意别人把不好的事情加到我身上，我也不愿意把不好的事情加到别人身上。”

孔子说：“（这种说法很好，但是）赐啊，这不是你的水平所能达到的啊。”

人很难到达这么多地方，但奴隶造反的力量遍及全国却是事实。

有一次，跖的门徒问他："人家骂我们是盗，我们盗也有道吗？"跖回答说："当然有，我们有我们对一些事物的看法：谁要是事先了解到奴隶主屋里在什么地方藏着什么财宝，那便是高出于人的'圣'。当我们去向贵族造反冲锋时，谁跑得最快，就是'勇'。撤退时，谁在后头保护别人，自己最后撤离，就是'义'。在我们行动之前，事先能分析到事情该干与不该干是'智'。大家从贵族那里得到一些财宝，分配时均匀，自己不贪多，这便是'仁'……"跖对门徒们的这一番解说，恰好是一套与奴隶主相反的是非观。

传说跖率领奴隶四处造反，"横行天下"，多次与奴隶主贵族血战，死后葬到章丘的东陵山上。他作战勇敢，受重伤后仍坚持战斗，流了很多血，山上的石头都被他的血染红，人们把跖作战受伤的山称作赭山。人们为了怀念这位造反英雄，还编了许多生动的故事，如曲阜柳庄传说他打了99眼井，供百姓饮水和浇地。兖州有个堌城村，以前叫做顾王城，是为了怀念多次给百姓办好

**【评述】**孔子主张的"仁"，在对别人态度上，是"推己及人"，即将人心比己心。这种"仁"的功夫，不是容易做到的。孔子认为连子贡这样出名的好弟子都做不到这一点，可见他所主张的"仁"的标准之高。

**子曰："不仁者不可以久处约，不可以长处乐。仁者安仁，知者利仁。"**

**【译文】**孔子说："没有仁德的人，不可以让他长久地处于贫困的境地，也不可以让他长久地处于快乐的境地。凡是有仁德的人，当然会守住这个仁。凡是聪明的人，他会利用这个仁。"

**【评述】**孔子在这里分析了三种人对待"仁"的态度。对于那些缺乏仁德的人，不能让他长期处在贫穷的境地。日子长了，他们就要胡作非为，做出各种荒唐的事来。但

事的顾王（跖）而兴建的。学术界公认新泰柳里是“柳下”旧址，当地展姓、柳姓自称为柳氏后裔。邹县有柳下邑，泰山南麓有柳王洞，章丘东陵有将军山、盗跖冢，莱芜有柳跖墓，泗水泉林有咬牙峪。后世传说他能治水，曾帮助艄工行船。山西太原有传说跖插战旗的插旗石。《吕氏春秋》中记载他死后要拿起大铁锤来砸碎六王五霸之头等。后来人们在小说、戏曲中称他为柳展雄、柳大王，也把他当作一个敢于反抗官府、铤而走险的英雄人物。虽然这些传说都不是信史，但由此却可体现出人们反压迫、反剥削、追求幸福、美好生活的善良愿望。

也不能让他们长期处于安乐的地位。日子长了，他们就要做出败坏礼制的事情来。真正有仁德的人，会坚定自己的主张，不为情况变化所动摇。孔子对这种人极力推崇。他又说到聪明的人可以利用仁，这句话也有道理。因为必须把“仁”拿来修身，才能成为一个高尚的人；用仁来治国，则可以稳定秩序，因得民心而达到国泰民安的目的。孔子通过三种对仁不同态度的分析，进一步确立了自己“仁”能治国的既定观念，进一步宣扬了“仁”。

**厩焚，子退朝。曰：“伤人乎？”不问马。**

**【译文】**（有一天，孔子的）马棚里失了火，孔子上朝回到家来，（听到以后）马上问：“烧伤人了吗？”而不问马是否被烧死。

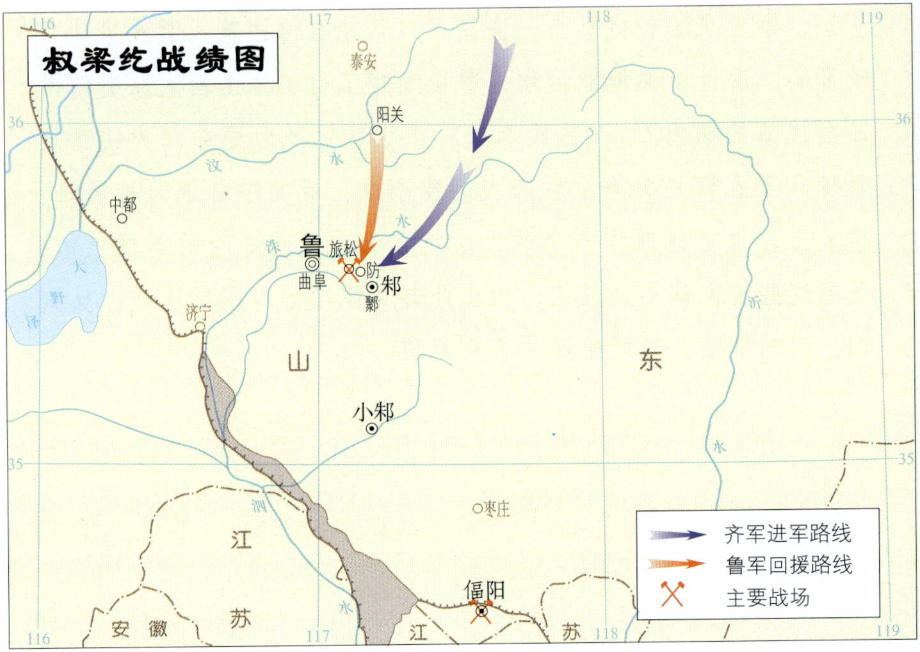

叔梁纥战绩图

【评述】这是孔子重视人的一个具体例子。在奴隶社会中，一个奴隶往往不如一匹马值钱，奴隶主关心马往往胜过关心人。而孔子与此相反，这与他对民要减轻剥削及在一定程度上尊重别人的人格的主张是一致的。

**子曰：“知者乐水，仁者乐山。知者动，仁者静。知者乐，仁者寿。”**

【译文】孔子说：“聪明的人喜欢水，仁慈的人喜欢山。(因为水是活跃的) 聪明的人喜欢活动，(因为山是静穆的) 仁德的人喜欢安静。(因此) 聪明的人快乐，有仁德的人长寿。”

【评述】孔子心目中的“知者”和“仁者”都是令人尊敬的人。他们各有特点，各有所长。有智慧的人不断地增加自己的知识，从已得的知识中又悟出新道理，像流水一

## 孔父叔梁纥

孔子的祖先为商人之后。周初封微子启为宋国国君，微子将王位传给其弟微仲衍，后传至弗父何，为宋卿，封于栗（今河南夏邑）。其后人因避难逃到鲁国。

孔子的父亲叔梁纥(一称郰叔纥、孔纥)，是鲁郰邑大夫，勇武善战，“以勇力闻于诸侯”。《左传》中有两处记其作战立功的资料：《左传》襄公十年“晋荀偃、士匄请伐偪阳而封宋向戌焉……丙寅围之……偪阳人启门，诸侯之士门焉。悬门发，郰人纥抉之，以出门者”。公元前563年，以晋国为首的几个诸侯国攻打一个叫偪阳（今山东枣庄南）的小国，叔梁纥作为鲁国贵族孟僖子属下的武士，也参加作战。当他们攻入偪阳城中时，守城人突然把城门上吊起的悬门放下，要把入城的鲁军拦腰截断，欲分别击破。此时，纥一步赶到，用手托起悬门，使进入城内的鲁军退出，避免了一场损失，叔梁纥立了一次大功。

《左传》襄公十七年记：“秋，齐师伐我北鄙……高厚围臧纥于防。师自阳关逆臧孙，至于旅松。郰叔纥、臧畴、臧贾帅甲三

样不停地流淌。因而他的特点是活动、发展，不断前进，在前进中获得欢乐，他们也是最快乐的人。而有仁德的人，则像高山一样巍峨肃穆，他的行为稳重、高尚，令人望而起敬。因此他的特点是树立起榜样，令人们效法。稳重、文静、豁然大度是这种人的特点。这种仁者对自己每日做的事问心无愧，对别人不倾轧，不嫉妒，无烦恼，因而能心情舒畅，心气平和，健康，长寿。在道德修养上，孔子希望人们成为“智者”、“仁者”。这样的人对社会有好处，对自己同样也有好处。孔子正是要求自己及自己的弟子们都成为这样的人。

百，宵犯齐师，送之而复。齐师去之。”公元前556年，齐军攻到鲁国的北部，齐将高厚带领队伍将鲁军主帅臧纥围在防邑（今山东曲阜城东），当时臧纥之弟臧畴、臧贾及叔梁纥都被围到里面。鲁君派兵去救臧纥，从阳关(今山东泰安南)进击，接应臧纥。救兵慑于齐军的强大，到了邻近防邑的旅松，就不敢前进了。叔梁纥见援军将到，便带着臧畴、臧贾和甲士300人，保卫着主帅臧纥乘夜间突围而出。他们将臧纥送到鲁军驻地后，又冲进防邑，然后固守。齐军攻打不下，只好撤退。

**宰我问曰：“仁者，虽告之曰‘井有仁焉’，其从之也？”子曰：“何为其然也？君子可逝也，不可陷也；可欺也，不可罔也。”**

**【译文】**宰我（宰予）向孔子问道：“假如有个有仁德的人在这里，有人告诉他‘井里有人掉下去了’，他能马上跟着下去搭救吗？”孔子说：“那又何必要这么干呢？对于君子来说，他可以让落井的人在落井之前便远远走开，他不一定会随着那人一道跳进井里救人。对于君子，可以用符合道理的事欺骗他，但却不能用不符合道理的事去愚弄他。”

**【评述】**宰予向孔子提出的这一问题，又是个假设。孔子认为这个假设不是对一般人而言的，于是便谈到怎样看待君子的问题。一个君子不是在别人落井后再下井里去救

叔梁纥手托悬门……

人，而是事先告诉这个人，不让他落进井里去。君子做事要防患于未然，而不是出事后临时抱佛脚。在这段话中，尽管孔子回答的语气流落出对问话者的不满，但还是向宰予循循善诱讲道理，体现出他良好的师德。

**子曰："仁远乎哉？我欲仁，斯仁至矣。"**

**【译文】**孔子说："（一些人不肯求仁，）却说什么仁德离我们太远了，（其实是不对的）仁德离我们远吗？一个人要想得到仁，仁便可以马上得到。"

**【评述】**孔子曾把"仁者"的标准说得很高，不肯轻易把"仁者"许给一个人，因而有些人对自己是否能当个"仁者"缺乏信心。明明自己不朝着"仁"的方向去做，却常说仁离自己太远了。孔子批评了这种错误想法，指出"仁"是具体的、现实的，不

# 尼山图

尼山孔庙建于五代时后周世宗显德年间，宋仁宗时增建祠庙，立学舍，置祭田。元顺帝时又大肆修建。明永乐十五年（公元1417年）重建成今之规模。1949年后，政府为了妥善保护古迹，派专人管理，并多次拨款重修。

是可望而不可及的，一个人只要立志做仁德的事，总会达到“仁”的标准的。由此推知，一个人如果立志做好人，便会成为好人。

**曾子曰：“士不可以不弘毅，任重而道远。仁以为己任，不亦重乎？死而后已，不亦远乎？”**

**【译文】**曾子说：“一个读书人不应当不宽宏大量、刚强坚忍。因为他肩负的任务很重，要走的道路又是那么遥远。（一个人）以天下实行仁德为己任，这个担子很重啊！为了实现仁，（奋斗）直到一死方肯罢休，这个历程不是很遥远吗？”

**【评述】**“任重道远”是后世人常用的一句成语，它体现出一个人的责任重大，不可等闲视之。孔子思想直接的继承者曾子的这一段话便体现出这一精神。以一人之力推行

## 孔降尼山

古鲁城附近有一座不太高的小山，古称尼山。2500多年前，我国历史上的文化巨人孔子便诞生在这里。

孔子的父亲叔梁纥,春秋末年任鲁国的郰邑大夫，是一个小奴隶主。据《孔子家语》记载，他曾娶鲁国人施氏，生下九个女儿，妾生了个儿子，但却是个跛子。按当时的规矩，女儿都不能继嗣，腿跛的儿子也不便祭祀祖先，于是在鲁襄公十七年（公元前554年）前后，娶颜家的小女颜征在。

据记载：孔子父母的年龄相差很大。叔梁纥与颜征在成婚后，很想生下个可以继嗣的儿子，经常到附近的尼山上去向天神祈祷。

就在鲁襄公二十二年（公元前551年）一次祈祷之后，颜氏在尼山脚下东侧一个山洞里休息时，生下了孔子。后人把这个洞称作“夫子洞”或“坤灵洞”。

仁道，遍及天下，任务当然很重，终生从事，毫不懈怠，此任务当然更为长远。而这些都是要那种有知识、有文化的人（士）来办的。此句直接的含意是说读书人任重道远，实际上是孔子及其弟子以天下兴亡为己任的誓言。

**子曰：“知者不惑，仁者不忧，勇者不惧。”**

**【译文】**孔子说：“聪明有见识的人，遇到事情不致疑惑，有仁德的人，（乐观开朗）没有忧虑，勇敢的人无所畏惧。”

**【评述】**孔子提倡一个人具备“智、仁、勇”三项优秀品质，有了这三项品质，便可“不惑”、“不忧”、“不惧”。当然，孔子热情歌颂这三项品质，目的是维护当权者利益，为统治阶级服务。但智慧、仁德、勇敢在人身上是三种好的品德。从现实意义上讲，

# 阙里教子

孔子3岁的时候，父亲便死了。孔母带着孔丘迁往鲁都曲阜。曲阜是鲁国政治、经济、文化的中心，典籍丰富，名师众多。

孔母带儿子迁居到阙里，阙里是鲁城内西南隅的一个街巷。孔子便是在这里长大的。

孔母为了让自己的儿子光宗耀祖，继承“圣人”（商汤）的伟绩，做出一番大事业来，自小就教给他一些周王朝中贵族们所应通晓的礼仪。五六岁的儿童，正是到处玩耍的时候，但是小孔丘在母亲教养下却经常“陈俎豆、设礼容”，即摆上一些自己用泥巴捏的祭器，自己对着它们一遍又一遍地磕头行礼。这显然是他母亲反复教育的结果。当时的奴隶主贵族十分讲究礼仪，如果不懂一定的礼数，很难进入贵族行列。孔子为了将来成为一个贵族，才主动学习这些礼仪。

孔母还培养儿子学习多种技艺。孔子自己说过：“吾少也贱，而多能鄙事。”是说小时候家境贫寒，经常做一些贵族们不屑于做的“鄙事”。他通晓各种礼数，会欣赏、演奏各种乐曲，会唱

这些优秀的品德应当是人们思想修养的重要内容。

**颜渊问仁。子曰：“克己复礼为仁。一日克己复礼，天下归仁焉。为仁由己，而由人乎哉？”**

**颜渊曰：“请问其目。”子曰：“非礼勿视，非礼勿听，非礼勿言，非礼勿动。”**

**颜渊曰：“回虽不敏，请事斯语矣。”**

**【译文】**颜渊向孔子问到仁的道理时，孔子回答：“抑制住自己，使自己的言语行动都合于礼，这就是仁。一旦这样做到了，天下的人自然都会说你是个“仁人”。能否达到仁的标准，全靠自己，哪能靠别人呢？”

颜渊接着问起关于仁的行动纲领是什么？孔子说：“不合礼的不随便看，不合礼的

歌，会射箭，会驾车。他当“乘田”时，将牛羊喂得膘肥体壮，当“委吏”时，将帐目管理得一清二楚。这许多本领的取得，应该是其母不断教育与严格要求的结果。

正是在孔母的精心培育下，青年孔子在鲁国就成为一个有学问的人。

孔母教子

不随便听，不合礼的不随便说，不合礼的不随便去做。”颜渊（听后表示满意）说：“我虽然不聪明，也要按您所说的去做啊！”

**【评述】**这是孔子对“仁”解释最重要的一段话。尽管人们对“克己复礼”的解释不一，但将自己的欲望或不合礼的地方，抑制和恢复到礼的标准上，这种解释却无太多异议。尽管对礼的理解也不相同，但作为一种制度、规章或原则、标准来说，大家还是认同的（争论大处在于礼是进步的还是落后的）。笼统地说，对自己严格要求与控制，使自己的言行符合国家及社会上既定的制度，使个人与集体步调一致，把个人的行为融汇于集体之中等等，这些主张就是孔子所说的“仁”。“四勿”的主张遵循的是统治阶级的标准，后世更发展为恪守封建纲常的封建信条。视、听、言、动皆依封建

## 太庙问礼

孔子说“吾十有五而志于学”，是说他在15岁的时候才立下学习的宏愿，也是指在此前后已开始重视学习。《论语》中两次记“子入太庙，每事问”，应是记载他走进太庙后多次发问的情形。

古鲁国是个比较方正的古城，东西长约3.5千米，南北长约2.5千米，城中心是宫殿区，鲁国国君一家便住在这些宫殿里。依周礼规定，王国的宫殿区首先应设置敬奉祖先的太庙，因而鲁国的太庙便建在这群宫殿里面。太庙中的各种建筑、摆设等均依西周初年的古礼而来，在贵族们看来处处都有学问。“少也贱”的孔丘进入太庙的机会本来不多，一旦走进太庙，便以强烈的求知欲和少年的好奇心问这问那。有的人见到以后讥讽他说：“谁说鄹地来的那个小孩子知道礼，你看他进入太庙后，问这问那，其实他什么也不知道。”这些话不久传到孔子耳朵里，他听到后，不但没生气，反而冷静地说：“正因为我不停地问礼，才说明我知礼啊！”这一出人意外的回答，不仅体现出孔子自信行为不错，

礼法，阻碍与遏止了新思想的发展，应予以批判，但在社会上，人们需要一种道德规范，要有一定的约束力，才能保持社会的稳定。一定的法规、制度对于社会的生存与经济发展，应是有一定作用的。

**子曰：“有德者必有言，有言者不必有德。仁者必有勇，勇者不必有仁。”**

**【译文】**孔子说：“有德的人，必定有些出名的言论。能发出一些言论的人，但不一定有德。有‘仁’心的人必然勇敢无畏，而有‘勇’的人却不一定是‘仁人’。”

**【评述】**孔子在这里比较全面地看到了德与言、仁与勇之间的关系，他认为它们之间不应简单地划等号，因为有德的人，心中的志向发于外，而那些花言巧语、口舌伶俐的人，内心却不见得高尚，可能是些光说不做的人。同样，一个人有了“仁”心，他

不怕打击的性格，也表现出少年孔丘好学的心理。

孔子好学还有个故事：他母亲死后不久，他听到一个消息，当权的季孙氏大摆宴席，宴请社会名流以及知识丰富的人。孔子想如果能够见识一下这个场面，便能更实际地学习到周礼，于是他连丧服也没有换，便慌慌张张跑到季孙氏家去做客。季孙氏的家臣阳虎站在大门外，专门为主人招待宾客。他对别的贵族的到来都礼貌谦恭，而对少年孔丘却不客气地阻于门外，并对他说："我们这是请一些有名望、有地位的人，不是请你这样的人！"孔子被阳虎羞辱了一顿，只好悻悻然地离开了。但是这件事不但没有挫伤他学礼的信心，反而使他更加努力地学礼了。

便能嫉恶如仇，在与不合规范、制度的人或事斗争时便能表现勇敢；相反有的人虽有血气之勇，但是其勇敢的出发点，却不一定出自"仁"心。孔子认为言和勇只是在人们身上的一种表现形式，德和仁才是人们内心里的东西。孔子把人的品质、性格与种种表现形式加以区分还是很有道理的。

**子曰："刚、毅、木、讷近仁。"**

**【译文】**孔子说："志气刚强，行为果断，容貌朴实，言语不肯轻易出口，这便与仁德接近了。"

**【评述】**在孔子看来，"仁"是存在于人们内心里的一种美德，这美德包括对人、对事的根本态度。但它不是玄妙不可测的，它有时也有具体的内容，表现在人的性格与态

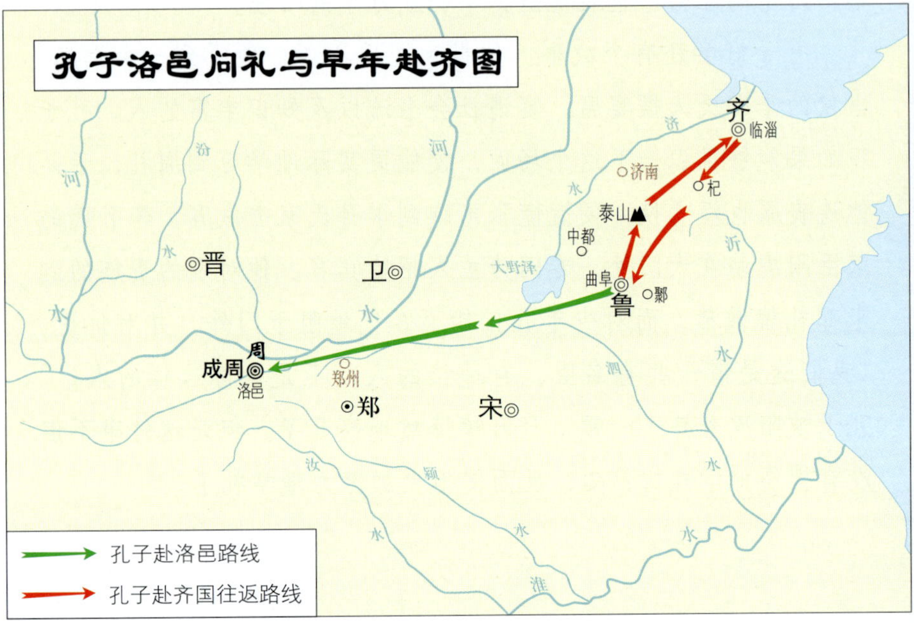

孔子洛邑问礼与早年赴齐图

鲁昭公二十四年(公元前518年)三月，孔子在鲁昭公的支持下，带着弟子西去成周洛邑(今河南洛阳)。到洛邑后观看了京师的大量文物，阅读了许多珍贵的典籍，拜见了当时任守藏史的老聃(楚国人，姓李名耳，又称老子)，向他请教了关于人生、社会

度上，便是“刚、毅、木、讷”。做到这四点，便可接近“仁”，离“仁”不远了。因此要想成为一个“仁人”，首先要具备这些起码的品质。

**子曰：“志士仁人，无求生以害仁，有杀身以成仁。”**

**【译文】**孔子说：“一个有志气有仁德的高尚的人，从来不为了求取生活（或生命）中的利益违背‘仁’，他们有时肯于牺牲自己的生命来成全‘仁’，达到‘仁’。”

**【评述】**这是孔子对“仁”最高标准的说明，孔子认为“仁”不但是人们一举一动的规范，也是一个人世界观的主要体现，还是衡量一个人好坏的最重要的标准。孔子在这段话里说：品德最高尚的人，是可以称得起“仁人”的人，他们决不为了一己之得而妨碍别人，违背“仁”。为了坚持“仁”的标准，甚至牺牲自己的生命也在所不惜。

的一些问题。在京师还拜访了周大夫苌弘，请他讲了一些音乐方面的理论知识。

孔子在去齐国的路上，途经泰山脚下，发出“苛政猛于虎”的慨叹。至齐都临淄后，齐景公问政，回答：“正名”及“政在节财”。在齐都又闻《韶》乐，誉之为“尽善尽美”。其间，又去杞国(淳于)作短期考察。齐景公欲将尼谿之田相赠，受到晏婴等人的反对，孔子便离齐归国。

**孔子见老子**

采自全国重点文物保护单位“武氏墓群石刻”汉画像石，现存山东济宁市市中区汉碑馆。

也就是说：生命诚宝贵，“仁”字价更高，两者冲突时，孔子主张取“仁”不取生，而不是取生违背“仁”。这种思想由不同的人利用，会产生不同的效果，如文天祥以“仁”寓爱国、正气，便是一例。

**子曰：“当仁，不让于师。”**

**【译文】** 孔子说：“遇到仁德的事，即使是自己的老师，也不能有丝毫的谦让。”

**【评述】** 孔子从来十分强调坚持“仁”的标准，认为这是压倒一切的事情。一个人只要坚持仁德，就应毫不犹豫、勇往直前地去做。哪怕是自己的老师持相反的意见，也不能对他有一点让步。这种坚持原则、不苟且于情谊的主张是对的。当然，其“仁”的含意是维护统治者的利益，但坚持自己的正确意见、不向任何权威屈服的态度，却

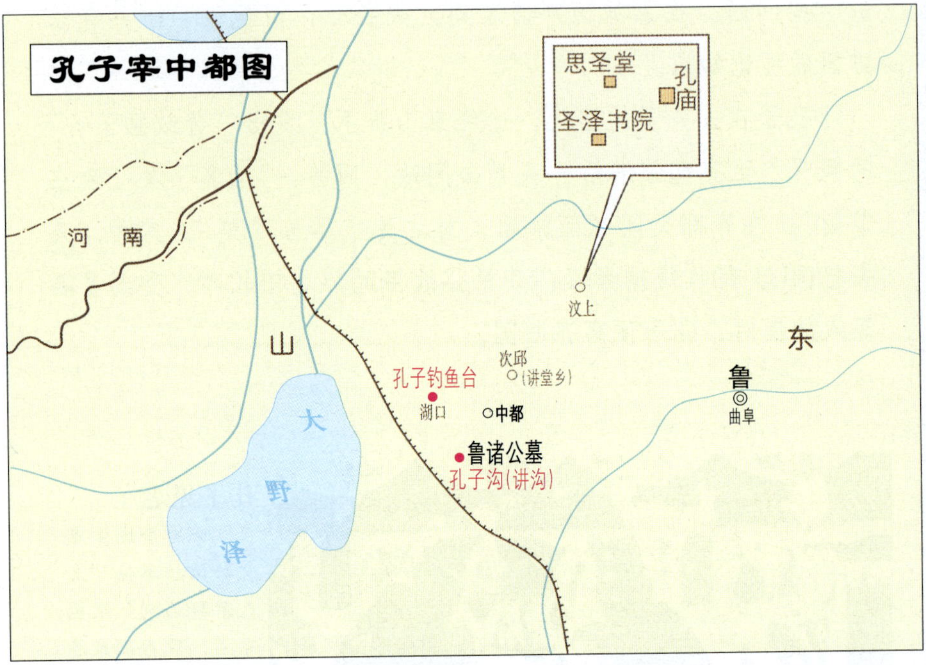


鲁定公九年（公元前501年），孔子51岁时，被任命为中都宰。中都，在当时鲁国国都西60千米处，今山东汶上西南次邱乡湖口、朱庄一带。《史记·孔子世家》记："孔子为中都宰，一年，

是可取的。

**子曰："富与贵，是人之所欲也；不以其道得之，不处也。贫与贱，是人之所恶也；不以其道得之，不去也。君子去仁，恶乎成名？君子无终食之间违仁，造次必于是，颠沛必于是。"**

**【译文】**孔子说："人人都想做大官，发大财，但是如果用不正当的办法得到，君子却不干。人人都厌恶贫困和地位低下，但是如果用不正当的办法摆脱，君子也不干。一个君子如果连（最起码的）仁德也抛弃了，那又怎样成就他的名声呢？一个君子应该连吃饭这么短的时间也不违背仁，慌忙急切的时候要保持仁德，颠沛流离的时候同样也要保持仁德。"

四方皆则之。”《孔子家语》记：孔子当中都宰时，“制为养生送死之节，长幼异食，强弱易任，男女别途，路不拾遗，器不雕伪。作四寸之棺，五寸之椁。因丘陵为坟，不封不树。行之一年，四方诸侯则焉。”这一年是孔子一生政治生涯中最光辉的时期。

相传孔子在中都为政之暇，常给弟子讲学，后世在当地建有讲书堂，后移至汶上城里，称圣泽书院。次邱乡的次邱村，原有孔子讲堂，后也称讲堂乡，北朝时已有记载。汶上西南20千米古阚城南的凤凰岭上有鲁诸公墓，周围有孔子当年主政时挖的沟，称“孔子沟”，亦称“讲沟”。又传孔子讲学之余，常带弟子们到湖边钓鱼。《汶上县志》载次邱西南的湖口有孔子钓鱼台。后世在汶上城里建有孔庙，清乾隆时立“中都故邑”碑，现存汶上孔庙内。为纪念孔子，城内还建了思圣堂（过化祠）。

**【评述】**孔子不但认为“仁”有严格的标准，同时也认为应该时刻保持，在任何情况下，也不得有任何违反之处。一个“仁人”，不营营苟苟地去巴结人，换取富贵；一个“仁人”，不低三下四地去寻求摆脱贫贱。一个人想得到点什么，一定要走正确的道路，不得走歪门邪道。一个人如果坚持“仁”，便不会得到恶名。因此，一个道德高尚的君子一时一刻也不能离开“仁”。在这里，孔子要人们端正自己，控制自己，不要去做那些不合道德的事情。

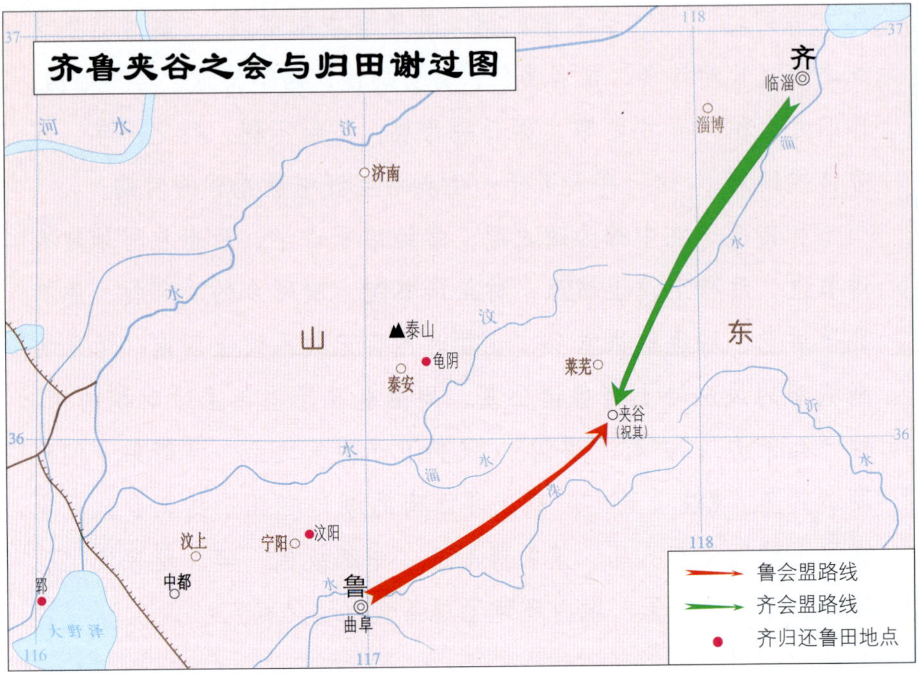


鲁定公十年（公元前500年)夏，齐景公与鲁定公约定在夹谷(今山东莱芜东南)会盟，鲁君任命当时任大司寇的孔子为相礼。当时齐强鲁弱，齐国想通过这次会盟显示力量，慑服鲁国，使鲁

**子华使于齐，冉子为其母请粟。子曰：“与之釜。”**
**请益。曰：“与之庾。”**
**冉子与之粟五秉。**
**子曰：“赤之适齐也，乘肥马，衣轻裘，吾闻之也，君子周急不继富。”**

**【译文】**：公西华到齐国去出使，（他母亲在家无人奉养）冉求为他母亲请求粮食（小米）奉养。孔子说：“给她六斗四升。”冉求嫌少，要求再增加一点。孔子说：“再给她二斗四升。”(冉求还嫌少，但不敢说了，便把自己的俸禄八十石给了公西华的母亲)。孔子（知道以后）说：“公西华出使到齐国去，坐着高头大马拉的车子，穿着又轻又暖的袍子，（生活是很优越的，他家里自然不会太穷）我听说过：一个君子应该周济国成为自己的附庸。孔子向鲁君建议：先派出军队当后盾，再前往会盟。鲁君听从了他的建议。

会盟仪式过后，齐国司仪得到齐景公的允许，请奏“四方之乐”。一些武士手持刀剑矛戟，鼓噪而前，想在混乱中劫持鲁君。孔子见后急忙走上坛台，据理抗议。景公不得不令武士们退下。过了一会儿，齐国司仪又请奏“宫中之乐”，一些优倡侏儒进行了丑态百出的表演，孔子又抗议说：“用这种极不严肃、不礼貌的乐舞来对待邻国国君，是对鲁国的侮辱。君王如果知礼，决不会轻饶这些人。”齐景公不得不再令优倡等退出，并加之以罪。由于孔子机智勇敢，维护了鲁国的尊严，挫败了齐国妄图控制鲁国的打算。

会盟后，齐景公责备自己的大臣说：“鲁国以君子之道辅佐其君，你们却用夷狄之道教寡人。使我得罪了鲁君，几乎陷于不义。怎么办？”左右人建议就把当年所得鲁国的郓、汶阳、龟阴之田归还鲁国以补过。这便是历史上著名的“归田谢过”。

急需的人，而不是给那些富人添富。”

**【评述】**：这一大段主要说了“君子周急不继富”一句话。冉求为了照顾公西华的母亲，一再请求孔子帮助她，出发点是好的。但孔子却看到她家并不急需，而有了不同的主张。因为穷与富的基础不同，要求自然不同。贫穷者（或急需者）需要雪中送炭，而富有者（或不急需者）也想锦上添花。不帮贫穷者，他就可能冻饿而死；不给锦上添花，锦绣一样光彩夺目。道理显而易见，前者宜急，后者宜缓。孔子从“仁”的思想出发，在帮助别人时，希望着重照顾困难者、急需者，而不是再给富者送钱、送物，给权贵者再增权加势。这种主张是有道理的。

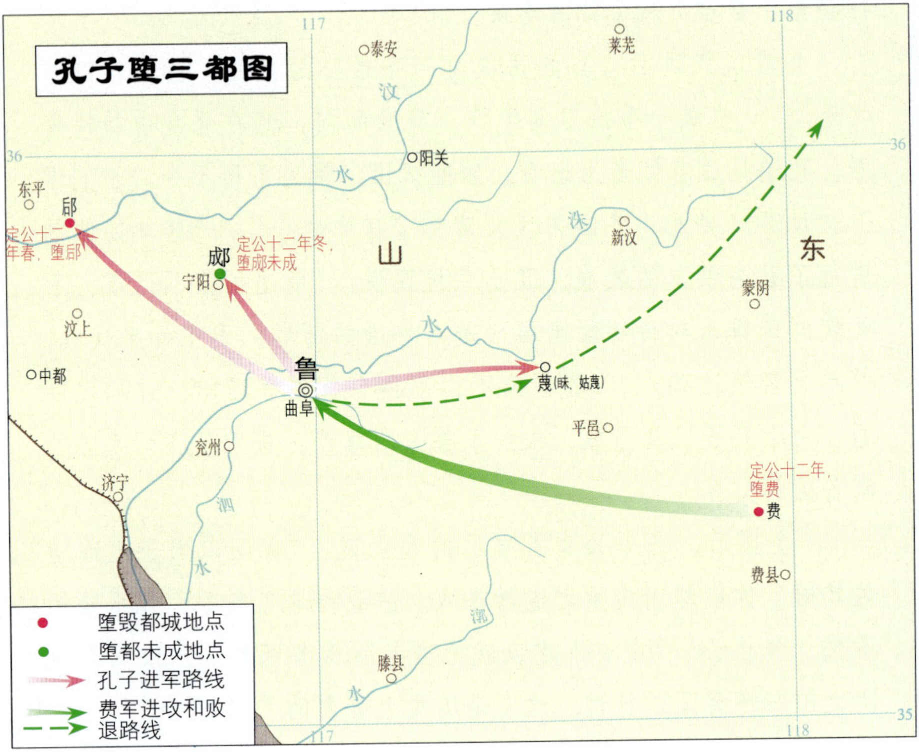


**子张问仁于孔子。孔子曰：“能行五者于天下，为仁矣。”请问之。 曰：“恭、宽、信、敏、惠。恭则不侮，宽则得众，信则人任焉，敏则有功，惠则足以使人。”**

**【译文】**子张向孔子问关于“仁”的问题，孔子回答：“（一个人）为人处世能有五种品德和行为，便是‘仁’了。”

子张又问指哪五种呢？孔子接着说：“恭敬、宽厚、信实、勤敏、慈惠。对人恭敬庄重便不致遭受别人侮辱，对人宽厚就能得到大家的拥护，办事信实就能被别人委任以大事，办事勤敏就会使效率高，有慈惠之心就能很好地与儿孙及下级相处。”

**【评述】**在回答子张的这段话中，体现出孔子所主张的“仁”包括广泛的内容。孔子

孔子在鲁国任大司寇期间，本着“忠君尊王”的政治理想，要实现强公室，抑私门，贬家臣。强公室就是提高鲁定公的实际权力；抑私门即抑制三家大夫(孟孙氏、叔孙氏、季孙氏)的势力；贬家臣就是要三家大夫下面的家臣老老实实效忠于主人，不得跋扈擅权。孔子认为只有这样，才是在鲁国恢复了周礼，这是实现“天下有道”的第一步。按照周礼“臣无藏甲，大夫无百雉之城”的规定，孔子提出了堕三都的政治方案，即把三家大夫超过标准的三个城堡毁掉。这三个城堡是季孙氏的费（今费县西北35千米）、叔孙氏的郈（今东平南20千米）、孟孙氏的郕（今宁阳北）。实际上三个城堡都掌握在家臣手里。

第一步，比较顺利地堕毁了叔孙氏的郈城。

第二步，勉强拆毁了费城。

第三步，堕郕城遭到失败。

孔子要恢复周礼的举措失败了，并且为自己树立了政敌。

从五个方面概括了一个理想的当权者应该具备的一些作风。他认为一个当权者只有自己恭敬、庄重才能受到别人尊重；只有宽厚、大度才能将贤才团结在自己周围；只有对别人讲究信义，别人才对他信得过；只有勤奋敏捷，才能有效地维护统治者的利益；只有对别人慈爱恩惠，才能与别人相处好，达到长治久安的目的。这一套当权者的修身法术，尽管是一些治人之道，是为当权者服务的哲学，但是这些主张对后人仍是有借鉴意义的。

**子游曰：“吾友张也，为难能也；然而未仁。”**

**【译文】**子游说：“我的朋友子张这个人已经难能可贵了，但是还不能说做到‘仁’。”

**【评述】**子张（颛孙师）是孔子一个出名的弟子，子贡曾引别人的话说他“美功不伐，

## 孔子出走

孔子在鲁国执政的几年中，虽取得了一些政绩，但也树了一些政敌。国内的季孙氏对他堕三都及支持鲁君打击大夫的势力就很不满；在国外，孔子也遭到齐国的怨恨。齐国一些大臣怕孔子使鲁国强盛起来，威胁齐国，齐景公便召集群臣商议对付鲁国的办法。那个当年在夹谷之会中出过坏主意的黎沮又出了个坏点子。他说：鲁国之所以强盛，主要是孔丘治理的结果，我们只要想办法离间孔丘和鲁定公及当权的季桓子的关系，叫他们把孔丘赶下台，对付鲁国便容易了。

孔子在治理鲁国时，从来是恪遵周礼、一本正经的，他要国君和大臣们谨言慎行，培植道德，远离佞人，反对骄奢淫逸、过分享乐。他认为不这样便是不合周礼。政治腐败，贵族们欲壑难填，很可能成为致祸的根由。齐国偏偏要与孔子作对，故意做点培植鲁人腐化的文章。齐国大臣们知道鲁定公、季桓子爱好玩乐，特地挑选了80名会唱靡靡之音（康乐）的美女，穿着华丽的衣服，

贵位不喜，不悔不佚，不傲无告，是颛孙师之行也”。具有这样的品德，已经是很不错了，但却还未达到“仁”的境界。由此可知，孔子关于“仁”的标准很高，不是一般人所能够达到的。在这里又一次强调人们要重视加强修养。

**子曰：“回也，其心三月不违仁，其余则日月至焉而已矣。”**

**【译文】**：孔子说：“颜回（这个学生）呀，可以长时间（或者就是三个月）不离开仁德，至于别的弟子们，也不过很短的时间（或者说就是一二天）偶然想起仁德罢了。”

**【评述】**：孔子很少以“仁”轻易许人，自己也曾谦虚地说达不到“仁人”的程度，只有他最心爱的弟子颜回能够达到这个水平。这种要求是否过苛呢？不是，因为在孔子看来，“仁”意味着给众人办更多的好事。在办好事时，往往为了照顾大局把自己的

连同30驷（一驷四匹）好马，马身上均披以明亮耀眼的锦绣，送给鲁国国君。齐国使者带着这些美女、文马来到鲁国雉门之外，陈列在那里。许多鲁人都跑去围观。季桓子在家里呆不住，化装以后偷偷地去看了一遍又一遍。鲁定公极想收下这批礼物，但是碍于孔子，不便马上公开说收下的话，只好假装到城的周围去巡视，对这些美女、文马看了又看。

这件事很快便被孔子听说了。最初他还想对鲁定公晓以大义，规劝一番，但后来看到鲁君如此贪婪，季氏又助纣为虐，也丧失了信心。鲁定公和季桓子看看时机成熟，便毫无顾忌地收下了齐国送来的女乐，只知玩乐，居然多日不问政事。孔子的弟子子路见鲁君和大夫们如此荒唐，认为这样做本身就是对自己老师极大的不尊重，便对孔子说："老师，我们可以走了吧。"孔子觉得子路说得在理，但还不甘心，便对子路说："我们还是等一等吧。你知道鲁国最近就要举行祭天的仪式（郊祀）了。如果他们照往常一样，祭完天后，分给我一份祭肉，那就说明他们眼里还有我，

利益全部忘掉。颜回"箪食瓢饮，乐在其中"及"不迁怒，不贰过"等品德别人很难具备，所以他能较长时间达到"仁"的高标准。孔子在这里既树立起"仁人"的榜样，又告诉人"仁者"并不是可望而不可及的。

**有子曰："礼之用，和为贵。先王之道，斯为美，小大由之。有所不行，知和而和，不以礼节之，亦不可行也。"**

**【译文】**有若说："礼的作用，是遇到任何一件事，都要以做得恰当为可贵。过去帝王治理国家，以这种做法为最好，（由于恰到好处，所以）不论是大事小事，都能够做得很好。如果有行不通的地方，为了恰当而求恰当，不用一定的礼来加以约束，那也是不可行的。"

如果不分给我祭肉，我再走也不迟，我未尝不可等一等啊！”

过了几天，祭天仪式举行之后，鲁定公和季桓子也没按照往常的规定分送给孔子祭肉，这样便使孔子最后失去了信心。他想：自己要依周礼办事，无非是要在鲁国有所作为。但是形势太不利了，如果继续呆下去，把自己弄到下不来台的境地，那就更难看了，倒不如及早离开。他当机立断，下决心辞去职务，离开鲁国，另觅出路。于是便带着一些弟子，乘着车，缓缓地、郁郁不乐地离开了自己的父母之邦，开始了14年周游列国的流浪生涯。

**【评述】**有子这段说了一个“礼”、一个“和”。“礼”是一定的规矩、制度，用来约束、限制人们的行为。“和”则是希望把事情做得恰到好处。孔子认为恰到好处（和）是最理想的做法，先王以此为上。把“礼”用到这般程度，则是最理想的做法。但“和”又必须用“礼”来约束，不能为“和”而“和”，不能要没“礼”的“和”。有子这段话虽然说明了“礼”与“和”的关系，但却突出了一个“和”字。“和”就是说事物之间要相互协调，以减少矛盾，这样事物才能得以共同存在，相互发展。

**子曰：“君子之于天下也，无适也，无莫也，义之与比。”**

**【译文】**孔子说：“一个有德行的人，对于天下的事情，并没有规定怎么去干，也没有规定怎么不去干，要的是怎样干起来恰当，就去怎样干。”

孔子离开鲁国，带着弟子，赶着车子，缓缓地、郁郁不乐地离开了自己的父母之邦，开始了十四年周游列国的流浪生涯。

**【评述】**这段话充分体现孔子在处理事情过程中的灵活性特点。处理世界上一些事情并不要管它怎样规定的，而应找最合适的方法去做。这种灵活性是为自己的政治观点和政治主张服务的。

**子曰："不得中行而与之，必也狂狷乎！狂者进取，狷者有所不为也。"**

**【译文】**孔子说："如果不能和合乎中庸的人交朋友，那就一定要和志气高的、操守廉洁的两类人相交。志气高的人一意向前奔，操守廉洁的人也能控制住自己，不去干坏事。"

**【评述】**孔子希望坚持中庸的标准，但是因为能够达到中庸标准的人很少，这样的人便很难找到。实在没办法，那只好降低一下标准，选择有"狂"和"狷"这两种特点

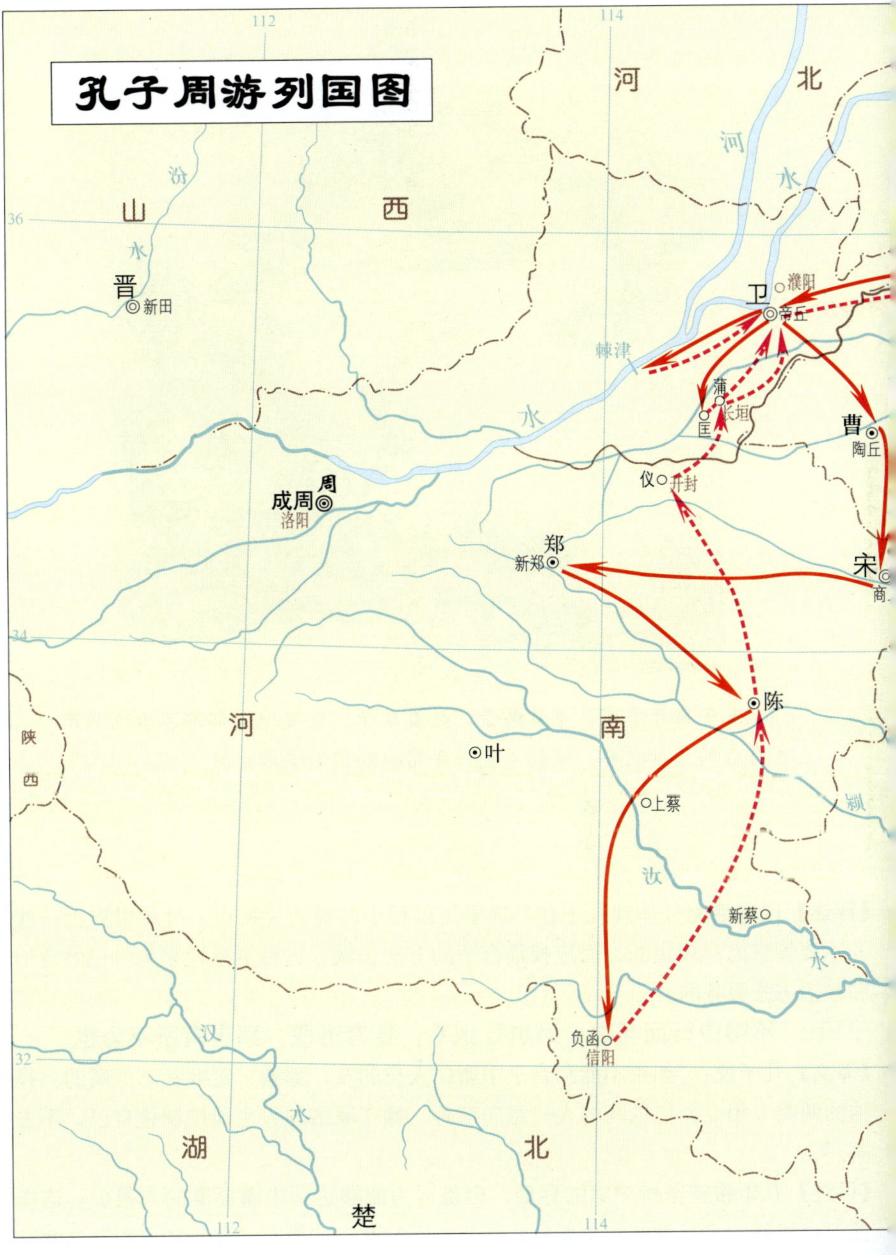
孔子周游列国图
112
114
36
34
32
河
北
河
水
山
西
汾
水
晋
新田
卫
濮阳
帝丘
棘津
蒲
长垣
匡
水
曹
陶丘
周
成周
洛阳
仪
开封
郑
新郑
宋
陈
河
南
陕
西
叶
上蔡
颍
汝
新蔡
水
负函
信阳
汉
水
湖
北
楚

前往路线
返回路线
齐
临淄
济南
潍坊
山
东
鲁
曲阜
泗
水
沂
水
济
河
海
黄
海
泗
水
睢
江
水
安
徐
邗
沟
苏
蔡
寿县
水
徽
江
南京
合肥
水
吴
五湖
太湖
118
120
36
34
32

孔子从55岁（公元前497年）到68岁（公元前484年）的14年中，带着弟子们离开鲁国，到一些国家“周游”，实际上是出访求仕。

他们首先到了西面的卫国。卫国的国都在帝丘（今河南濮阳西南），是当年周公之弟康叔的封地，与鲁国是“兄弟之邦”。这里国势比较安定，执政的是卫灵公。当孔子率弟子驱车进入卫国，见人烟稠密时说：“这么多的人啊！”驾车的弟子冉求问他：“人口多了怎么办？”孔子发表了“先富后教”的议论。

孔子通过弟子子路妻兄颜浊邹的引见，拜会了卫灵公。卫灵公对他的主张并不理解，未给他政治权力，但对他们一行给予礼遇，赐给孔子不少俸禄。孔子也没争取，只是发表了一些遵循礼制、洁身自好的议论。又因他们受到当地官员公孙余假等人的排挤，只10个月便离开了。

孔子一行离开卫国，向南方陈国进发，走到匡地（今河南长垣西南），发生了一场误会。当地人以为孔子是当年曾经危害当地的阳虎，把他们包围起来。孔子坚信不会被人加害，经其弟子公良孺等奋力冲杀后脱险。孔子决定返回卫国，路上经过蒲地(今河

的人相交。这两种人水平虽然并不高，但却能控制住自己，不去干坏事，这样便很好。这种退而求其次的要求，实际上也坚持了中庸的标准，只不过略有降低而已。

**尧曰：“允执其中。”**

**【译文】**（古帝）尧说道：“要把握住中（无过无不及，就会保持正确）。”

**【评述】**这是《论语》最后一篇记载尧对舜训诫的一番言论中的一句话，尧要舜谨慎地、公正地治理天下，才能够很好地完成上天所交给的任务。“允执其中”一句明显地体现出以孔子为首的儒家的中庸思想。自古“中”为中央或中心之意，东西南北四方之中为中，上下左右之间为中，不偏不倚谓之中，由此可推知“中”字是最合适、最恰当的意思，在做事情时，不要过火，也不要达不到，要恰到好处，这样才能全面

南长垣)时又被蒲人拦截，经与蒲人议和，才又脱险。此番孔子回卫国后，卫灵公对他比较热情，因为卫灵公从一些事上看出孔子不是抢权之人。孔子与卫国老臣蘧瑗（字伯玉）接触较多，他们互相欣赏。孔子便得以较多地接触卫国的君臣。

卫灵公的宠姬南子，想通过与孔子接触，抬高自己的身价，孔子也希望通过她更好地争取卫灵公。于是，不顾弟子子路等人的反对，孔子见了南子。不久，他又和卫灵公、南子一起出行，招摇过市。孔子和卫灵公接触后，发现他不是个有作为的君主。在卫国既然找不到明君，孔子一行还是决定离开卫国。

孔子一行要向西北，渡黄河，到晋国去。但是听说晋国的执政大臣赵简子近期杀了该国维护礼制的窦鸣犊、舜华两人，断定晋国执政不讲周礼，不好依靠，便放弃了去晋国的意图。但当晋国一个主张改革的家臣佛肸请孔子时，孔子居然又表示愿去。他表示去的目的不是帮助佛肸改革，而是想比较灵活地借用他的条件，推行自己恢复周礼的主张。然而最终并未成功。

孔子一行离开卫国，向宋国进发。他认为宋国是他先祖所

照顾，减少矛盾，达到统一。这种不走极端、留有余地的思想方法，无论何时都是有可取之处的。

**子禽问于子贡曰："夫子至于是邦也，必闻其政。求之与？抑与之与？"**

**子贡曰："夫子温、良、恭、俭、让以得之，夫子之求之也，其诸异乎人之求之与！"**

【译文】陈亢（子禽）向端木赐（子贡）问道："孔老夫子每到一个国家，一定要比较透彻地了解一下那里的政治情况。是他恳求人家告诉他的呢？还是那些国家的人主动告诉他的呢？"

子贡回答："我老师具备温和、善良、谦恭、节俭、礼让等优点，他是依靠这些品德

居之地，在那里理应受到礼遇，谁知当时宋国的执政大夫桓魋却与他政见不同。当孔子带领弟子在宋国境内一棵大树下演习礼乐时，桓魋派人要把树砍掉，对孔子示威。孔子虽然口头上说“桓魋能奈我何？”却又慌忙换上衣服离开宋国。

孔子及其弟子慌忙逃脱后，风尘仆仆到了郑国，一时师徒失散。当子贡向郑人打听孔子下落时，狼狈不堪的孔子，被形容为“累累然若丧家之狗”。

在郑国也不得志，孔子只得离开郑国，到了陈国，住在陈国大夫司城贞子的家里。陈湣公对孔子一行既尊敬又礼遇。但陈国是个小国，夹在晋、楚两大国之间，经常受人欺负。孔子认为在这里不会有什么大的作为，又决定离开这里。

这时鲁定公已死，其子姬蒋（鲁哀公）继位。执政的季桓子也换上了季康子。他们想接回孔子，国内有人反对，于是决定先把孔子的弟子冉求接回来。孔子知道后，十分高兴，临行前嘱附冉求回国要干出一番事业来。

冉求走后，孔子等在陈国又过了3年，然后离开陈国前往楚

得来的情况。老师得到知识的方法和别人获得知识的方法不相同啊！”

【评述】子贡在回答子禽的问话时，说出了孔子性格的特点。其“温、良、恭、俭、让”的性格特点是有高度道德修养的表现。一个人从严格要求自己做起，只要不过分考虑个人的利益得失，言语和行动循规蹈矩，做事一丝不苟，对上礼貌、恭敬，对下温和、善良，对周围的人都做到谦恭有礼，生活节俭质朴，那么到了一个地方，他便会取得别人的信任和尊重，别人自然会把当地情况如实地告诉他，子贡所说孔子这些品质上的特点，对后世产生过不小的影响。

国。他们曾路遇长沮、桀溺、荷篠丈人等隐士。孔子反对隐士避世的态度，表示要积极入世，以治理天下为己任。

公元前489年，南方的吴国攻打陈国。楚国为抗吴，出兵救陈。楚昭王听说孔子在陈、蔡之间，便派人去聘孔子。但是楚国一些当权者害怕孔子到楚国当了权，对他们不利，千方百计阻挠孔子一行前去，孔子一行被困于陈蔡之间的旷野中。

陈蔡绝粮，几天吃不上饭，从行的一些人生了病，严重的困难考验着孔子。但他仍然坚持自己的信念，一面说服弟子，鼓励士气；一面派出弟子子贡到楚国，向楚国表明自己的心迹。楚昭王答应派兵接他们。孔子一行在楚军的保护下，到了楚国的负函(今河南信阳)。

孔子一行要到楚国，为了得到楚昭王的信任，但也遭到一些人的非议。楚昭王一死，孔子见反对他的令尹子西掌了权，便不再去楚都，暂时留在楚国的边界上。他逐渐觉察到去楚国并无好处，只好又回到卫国。

卫国的政治形势更乱了，孔子已在外飘泊十几年，很想返回

**子曰：“放于利而行，多怨。”**

【译文】孔子说：“如果只朝着对自己有利的方面去做事的话，那必然招来很多人的怨恨。”

【评述】孔子主张做事不要过分考虑自己的利益，要考虑到别人。如果过分强调自己的利益，便会损害别人的利益，那就会招来别人一些抱怨，要办的事情反而办不成。在这里，当然不应理解为孔子不顾个人，只为别人，他更多考虑的是当权者的利益，他主张要给当权者谋大利，而不是过分看重小利。尽管如此，他对于过分追求个人利益者的不满态度，也还是有可取之处的。

故国。这个机会终于到来了。孔子的弟子冉求在公元前484年对齐作战中立了功，当鲁国执政的季康子问他的军事才能是跟谁学的时，冉求把自己的老师极力夸赞了一番，并建议将孔子请回来。

孔子在外十几年，虽然没能施展自己的抱负，但他在许多地方发表的议论却证明了他的博学多才，且有治国之术。季康子希望他回鲁国帮助治理国家，于是便派出公华、公林、公宾为代表，拿着钱币去请孔子。

年已68岁，在六七个国家奔波了14年的孔子，正值“山重水复疑无路”的时候，出现了“柳暗花明又一村”的新局面，便马上启程回国，于鲁哀公十一年（公元前484年）结束了周游列国的生涯。

**子曰：“见贤思齐焉，见不贤而内自省也。”**

**【译文】**孔子说：“看见有贤德的人，便应该想向他看齐，遇见不贤德的人，便应该反省一下（自己的作为有什么不贤的地方）。”

**【评述】**孔子这两句话，体现了他的好恶。他认为遇见好人好事，就要虚心学习；遇见坏人坏事，也要反躬自问一番，想想自己与他有什么相似的地方，以吸取其教训。一个人只有不断改过向善，才能不断进步，日益提高自己的修养。当然好与坏、贤与不贤的标准古今不同，但是孔子对待贤与不贤的这种态度却是可取的。

**子曰：“德不孤，必有邻。”**

**【译文】**孔子说：“有道德的人，是不会孤立存在的，必定会有志同道合的人与之相伴

孔子一行奔波了14年，历尽千辛万苦。

（好像一个人的居处有邻居一样）。”

**【评述】** 世间的人形形色色，有德者和无德者共存。有德者居多，好事便容易推行。有时有德者居少数或受到歧视、受到压抑，或一时不能行德，致使有德之人心中不悦，乃至对自己修德之事产生怀疑，不愿坚持下去。孔子这两句话正是针对着这种情况而说的。他认为有德者决不会孤立，一定会有赞同者，与自己一道修德行仁。这句话体现出他对修德者的鼓励，也体现出他自己修德的坚决性。

**子曰：“质胜文则野，文胜质则史。文质彬彬，然后君子。”**

**【译文】**：孔子（认为一个人身上应兼有质和文两种特点，他）说：“如果一个人质朴超过文采，那就未免会有些粗野；如果文采又胜过质朴的话，那他又未免会有些浮夸。

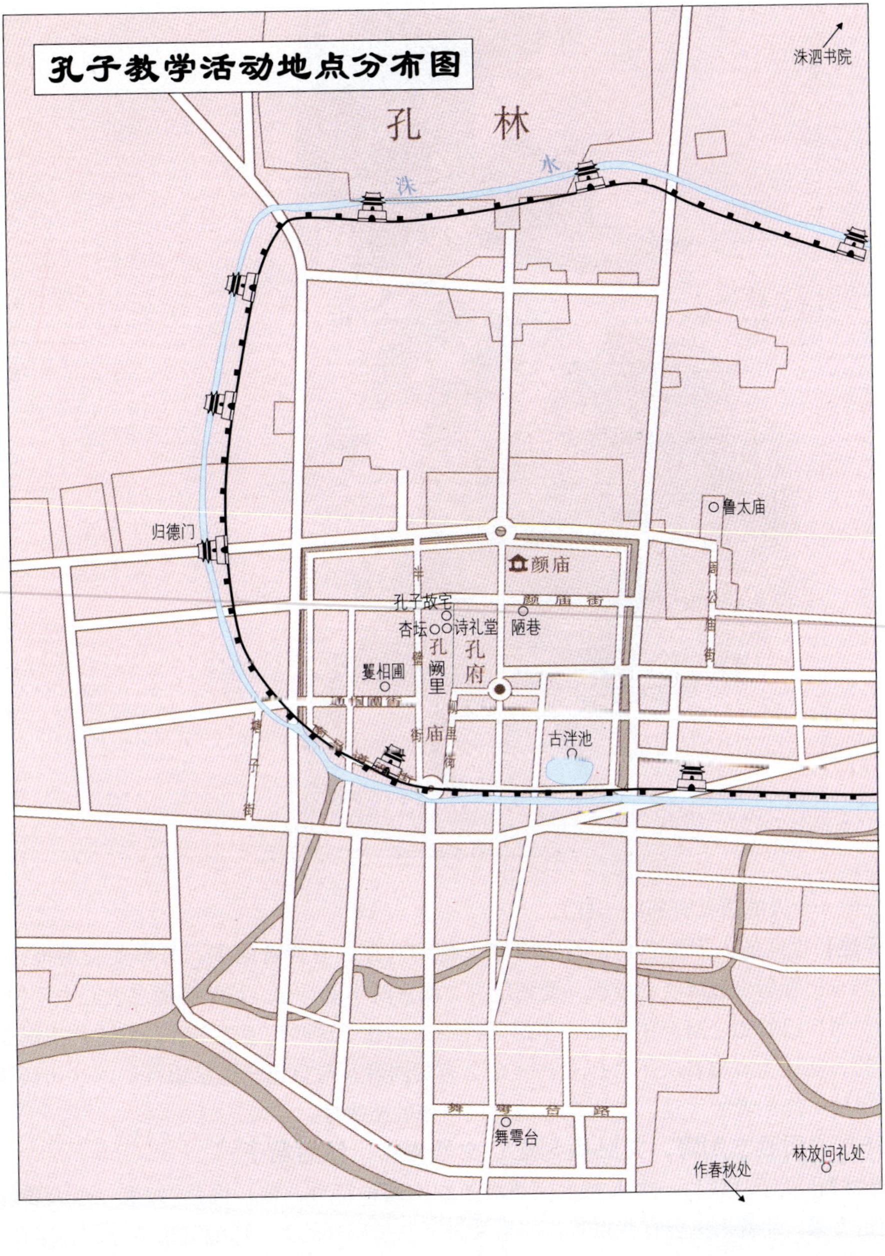
孔子教学活动地点分布图
洙泗书院
孔林
洙水
归德门
鲁太庙
颜庙
孔子故宅
颜庙街
杏坛
诗礼堂
陋巷
周公庙街
孔府
阙里
瞿相圃
古泮池
舞雩台路
舞雩台
林放问礼处
作春秋处

孔子结束了周游列国，回到曲阜，废寝忘食地钻研三代的礼乐典章，删《诗》、《书》，订《礼》、《乐》，赞《周易》，编《春秋》，给后世保存了一些古代文献。他还从事教育活动，曾教出弟子三千，其中贤人七十余。他通过对教育实践及教育理论的总结，创立了一套我国古代的教育体系，内容繁多，形式复杂，思想丰富。尤其在教与学的一些方法上，为我们留下了一些宝贵的经验。

孔子在曲阜的教学活动地点，主要有：

一、阙里

二、鲁太庙（周公庙）

三、杏坛

四、矍相圃

五、舞雩台

六、诗礼堂

七、陋巷

八、问礼故址

九、作春秋处：位于曲阜城南息陬乡张曲村西北

十、观川亭：位于曲阜城东南尼山孔庙内

十一、归德门

十二、古泮池

十三、洙泗书院：位于曲阜城东北泗河南岸

## 杏坛设教

曲阜孔庙大成殿前有个杏坛，人们常说这里是孔子给他弟子讲课的地方，其实事情并不这么简单。

“杏坛”一名来源于《庄子·渔父篇》。原文是：“孔子游乎缁帷之林，休坐乎杏坛之上。弟子读书，孔子弦歌。”意思是说孔子领着弟子走进茂密的树林中，走了好长一段时间，大家走累了，到杏树下面的一片高地上休息一下。他的弟子们趁停下的时间读一下书，孔子则操起琴来弹唱一番。有人考证《庄子·渔父篇》原来讲的是一篇寓言，以此作引线，引出后面一段议论。此篇成文时间也很晚，因而很不可靠。人们又可推知当时能有一片黑压压树林的地方，必不会在鲁国城内，因此“渔父不必有其人，杏坛不必有其地。即有之，亦在水上苇间、依陂旁渚之地，不在鲁国之中”。因此孔庙中的杏坛乃是后人假托的孔子教学遗址。

东汉明帝永平十五年（公元72年）皇帝至曲阜朝圣时，曾在孔子故宅西面不远的地方驻跸。因为当年汉明帝在这里下榻，后世遂把这里建为孔庙的文宣王殿（后改为大成殿）。宋真宗天禧

一个人必须文采和质朴相匹配、相辉映，才能叫做大雅君子啊！”

**【评述】**孔子此处所说的“质”和“文”，其实就是德和才的意思。一个人如果实实在在，质朴厚实，尽管有德，但无本事，是不行的；只会夸夸其谈，办事八面玲珑，但是心术不正，办事不公，这种人也不能令人相信。只有文、质兼备，或者说既要有仁德又要有水平、有能力，这样的人才是一个真正的君子。正是在人们多欣赏文，轻视质的时候，孔子发出这么一番言论，可见其看问题是较全面的。

**子曰：“君子坦荡荡，小人长戚戚。”**

**【译文】**孔子说：“有仁德的君子（守着正理，不作一些非分的胡想，所以他）心里很平坦宽广，而那些没有德行的小人（则心中充满了私欲，所以）心里经常充满了局促

二年（公元1018年）孔道辅修孔庙时，将此殿北移，人们将此殿基寓为当年孔子讲学旧址，遂“除地为坛，环植以杏，名曰杏坛”。

今天出现在人们面前的杏坛，黄瓦朱栏，二重飞檐，四面歇山式，华丽古朴，四周还有一些杏树。精致的小亭内有金代文人党怀英手书“杏坛”二字。现亭虽为清雍正二年重修，但从51代衍圣公孔元措立的碑中可知它至少已有六七百年的历史了。

孔子是我国古代伟大的教育家，在世界教育史上也是鼎鼎大名的伟人。他教学主要采取了两种形式：活动式和固定式。在他从政治国、周游列国以及平时与弟子谈话时，随时随地发表自己的意见，回答弟子的问题。这种活动式灵活多样，是一种主要形式。所谓固定式也就是孔子和弟子一起坐下来，有时回答弟子的问题，有时提出问题来叫弟子回答，弟子答毕，孔子再总结发言或对弟子的回答进行评论。他在教育弟子时，总能根据弟子不同的特点和水平，因人而异，因材施教。固定式不同于后世的课堂教学。“杏坛”教学应介于活动和固定两种形式之间。孔子带弟子外出游览时，一面欣赏大自然美好风景，一面解答学生提出的

和忧愁。”

**【评述】**孔子此处用“君子”、“小人”的两种不同心理状态，说出了两者各自的特点。有德君子以天下兴亡、道德兴衰为己任，不过多地考虑自身的问题，自然襟怀坦白，心地光明，不会产生些无端的忧虑。而无德的小人，则心存偏私，经常考虑自身利益，以致不停地患得患失，心境不愉快。孔子在说此话的同时，还有一个弦外之音，便是告诉人们为了防止无端的烦恼，还应培植自己的仁德，做个君子。

问题。或坐下来，孔子一会儿弹唱，一会儿回答弟子的问题，进行辅导。

历代统治者既然用孔子的主张治国，便极力推崇“杏坛设教”。清帝弘历于乾隆二十一年（公元1756年）到曲阜朝圣时，曾为之赋诗一首：

忆昔缁帷，诗书授受。
与有荣焉，轶桃轹柳。
博厚高明，亦曰悠久。
万世受治，杏林何有？

译成现代文字是：

想当年孔子带弟子游于茂密的森林，在这里把诗书讲授。
我羡慕这荣幸的杏林，你超过桃和柳。
夫子的道德文章广博深厚高明，且历史悠久。
千年万代袭用孔圣人的办法治国，杏林啊，你也把美名留。

**子曰：“圣人，吾不得而见之矣，得见君子者，斯可矣。”**
**子曰：“善人，吾不得而见之矣，得见有恒者，斯可矣。亡而为有，虚而为盈，约而为泰，难乎有恒矣。”**

**【译文】**孔子说：“十分圣明的人，我是见不到了，（如果）我能见到有仁德的君子，也就可以了。”孔子又说：“至仁无恶的大好人，我是见不到了，（但是）能够见到坚持正确主张、有一定操守的人也就可以了。（一个人在处世中，如果喜欢不切实际地吹牛，把）没有的事装作有，把空虚的事说作充足，把穷困、简约说作豪华、复杂，这种（不实事求是的）人是不会坚持正确主张和有一定操守的。”

**【评述】**孔子这段话主要说了三个意思：第一，人们（实际上是他自己）所想象的具

杏树下，孔子操起琴来弹唱一番，他的弟子们或听老师弹唱，或看书、或讨论问题……

有最高道德标准的人，在当时已找不到了，这是对当时世道不满的言论。既然“圣人”、“善人”见不到，那就退而求其次，能以见到“仁人”和“有恒者”便已很好了。尽管这种有恒的人水平并不很高，但要做到也是不容易的。第二，批评了“亡而为有，虚而不盈，约而为泰”的错误做法，这在当时社会上似乎已经成了通病。很多人说话、做事不实在，往往为了达到某种目的，拼命地吹嘘炫耀，这样的人连起码的“有恒者”都达不到，更不用说是“善人”了。第三，孔子批评这种表现的目的在于要人们防止或避免这些坏毛病发生，希望社会上多出些“有恒者”，进而社会上多出些“善人”乃至“圣人”。当然他这一系列的好人标准和后世有所不同，但他希望人们修德的愿望还是好的。

## 矍相射御

孔庙西侧仰高门外，从前有一片空地，坐北朝南立着一块石碑，上刻“古矍相圃”四个大字。相传这里是古时孔子教学生射御的地方。

《礼记·射义》记“孔子射于矍相圃”。矍相是人名，种蔬菜的地方叫圃，矍相圃则是一个地名。宋元时记矍相圃在“县西三里鲁城中”，当时的仙源县在今县之东，所记正是此地。

孔子在教授弟子的“六艺”中，“射、御”占了两项，说明孔子的教育内容不但包括政治教育（礼、乐）、业务与应用技术教育（书、数），还包括军事体育教育，这便是“射、御”。“射”是练习射箭，以备将来从军立功，“御”是驾车子，包括驾驭一般的轩车、轺车。出行交际和驾着战车出战。在孔子前，很少有人重视这项活动，孔子拓宽了教育领域，增加了这项内容。孔子的父亲是“以勇力闻于诸侯”的一名武士，他自小便应受到这方面的教育，又加上他身高“九尺六寸”，体格魁武健壮，进行这门军事体育课的教育是有条件的。有的书上记载孔子在教射时，

**子曰：“狂而不直，侗而不愿，悾悾而不信，吾不知之矣。”**

【译文】孔子说：“（一个人）狂妄而不直率，幼稚而不老实，无能而不讲信用，这样的人我真不知道他们是怎么回事啊！”

**【评述】**一般地说，大略是疏狂的人，心地比较坦率、爽直；无知的人，事事由着别人，往往比较敦厚；无能的人，因为一味自守，往往比较信实。这些天资差的人，往往都是这样表现。可是有的人水平太低劣了，他们既疏狂又不直率，既无知又不老实，既无能又不守信用，这样便一点长处也没有了。对于这样的人，孔子表示没有一点办法！孔子认为一个人尽管天资差、条件差，但应保持其可取之处，如果连这一点可取之处也不保留的话，那便是不可救药了。这一分析多么透辟！

"观者如堵墙"，四面观看的人围得水泄不通，说明在当时进行射的教育应是一桩新鲜事。

有一次，鲁国的达巷党人称赞孔子"博学而无所成名"时，孔子对弟子说："吾何执？执御乎？执射乎？吾执御矣。"是说自己并没有多大的本事，不过会驾车子而已。这是孔子自谦的说法，也说明当时会驾车子乃是一个士起码应具备的条件。孔子教弟子驾车的成绩还是不小的。如周游列国时冉有等就会熟练地驾着车子到处周游，子路是一个以武力致仕的人，应该会射会御。樊迟在鲁哀公十一年（公元前484年）的一次对齐国作战中，驾起战车杀敌立了功。还有个子贡，更是驾起车子来，四处奔走经商，"结驷连骑"，所到之处，"诸侯为之分庭抗礼"，成为当时赫赫有名的大商人。

后世统治者为实现自己的文治武功，需要文武方面的人才辅佐，从而对孔子的射御之教也给予一定程度的重视。自中世纪以来，在矍相圃原址曾辟出方圆二里的地方，筑起一丈高的台子。金章宗泰和四年（公元1204年），51代衍圣公孔元措还"筑台其

**子曰："君子成人之美，不成人之恶。小人反是。"**

**【译文】**孔子说："有仁德的人（存心宽厚），总爱成全人的好事，不愿促成人家的坏事，而品德恶劣的小人（存心刻薄），办起事来却与前者相反。"

**【评述】**好人办好事，坏人办坏事，孔子说出了这个规律。但是为什么会这样呢？从"君子"、"小人"两个道德品质不同的人的定义中即可看出，一个君子自己有仁德，希望人人和睦，办些好事，对大家都有利，自然也有利于社会的稳定和国家的兴旺。如果别人有了不幸的事（如遭到天灾、人祸）对整个社会也没有好处。小人为什么相反呢？因为他们可乘别人之危捞一把，把自己的利益建筑在别人的痛苦上。这段话在于表彰君子，抨击小人，提倡人人做"君子"，不做"小人"。

中。嗣割其西为儒学，其东为圃”。明朝御史郭本题石，书“古矍相圃”三字。现在此处的基址虽已呈现新的面貌，但孔子教授弟子射御之事却一直是历史佳话。

孔子教授学生驾车和射箭

**樊迟从游于舞雩之下，曰：“敢问崇德，修慝，辨惑。”子曰：“善哉问！先事后得，非崇德与？攻其恶，无攻人之恶，非修慝乎？一朝之忿，忘其身，以及其亲，非惑与？”**

**【译文】**樊迟陪着孔子在（鲁国南门外沂河边上的）舞雩台下散步时，问老师：“请问怎样提高自己的品德修养，怎样清除别人对自己不说出口的怨恨，怎样辨明哪一些是糊涂事呢？”孔子回答道：“你问的好！你先把该做的事做了，做了很多好事，不就是在提高自己的品德修养吗？你批评自己的缺点，不攻击人家的缺点，不就消除了人家对你说不出口的怨恨了吗？因为一时的气忿（办了错事），竟至忘了自己，更连累了父母，这不是很大的糊涂吗？”

## 风乎舞雩

曲阜南门外沂河南岸有一座隆起的高地，草木葱笼。远远望去，像是一座小山，这便是当年鲁国的舞雩台。

雩字本意指天上五颜六色的彩虹，又称古时向上天求雨的一种祭祀。每逢天旱无雨时，国君便亲自到国都的南郊向天祈祷并自省——国家的政令是不是不统一呢？百官们是不是失职呢？修建的宫室是不是太崇峨了呢？祭祀是不是按照规定进行呢？谗佞的坏人是不是当道呢？——然后使八个童男童女歌舞，叫做舞雩。历史上，孔子与其弟子游舞雩台，畅谈理想的故事，至今还广为流传。

有一天，孔子和弟子子路、曾晰、冉有、公西华一行人到舞雩台游玩。孔子对他们说：“我年龄大了，没谁用我了。你们还年轻，正应大有作为。你们常说别人不赏识自己，有时怨天怨地。现在我问问你们：如果有人重用你们的话，你们都打算怎么办呢？”

鲁莽的子路听到发问，不假思索地说：“如果让我治理一个

**【评述】**“崇德”即提倡做好事，一个人多做好事，自然会培养好的品德来。抽象的好品质寓于大量具体的好事之中。多看己之短，少计较人之短，多看人之长，少欣赏己之长，把自己的缺点、错误不隐瞒地公之于众，对别人的缺点不要到处宣扬，别人便会赞成你，不在背后说你的坏话。有的人一时冲动，办了坏事，后悔莫及，一失足成千古恨，毁了自己，连累了父母、家庭，这些都是糊涂人的做法。孔子这三句话有破有立，均发人深思。后世有人在曲阜南门外舞雩台立碑记述此事，可见对此话之重视。

**子曰：“君子和而不同，小人同而不和。”**

**【译文】**孔子说：“一个君子善于用自己的正确意见来纠正别人的错误见解，使事情做得恰到好处，而不是盲目服从别人。小人则只知盲目附和，却不表示自己的意见。”

拥有千辆兵车的大国，哪怕这个国家受着周围大国的威胁，并且经过兵灾，人民正在闹饥荒的时候，我也能在三年之内编练好军队，不但使国家强盛、富裕起来，还能使这个国家办起什么事来都按部就班。”

孔子听了，哈哈大笑。大家都莫明其妙，不敢发言了，孔子点名让冉求说说。冉求说：“我只要一个方圆六七十里的地方，甚至五六十里的地方也行。如果让我去治理的话，我可以让人们都能吃饱饭。至于文化教育，我不敢提出什么保证，只有靠更有德行、更有学问的人去管理了。”

孔子听后沉吟了一下，没说什么，又要最小的弟子公西华回答这个问题。公西华用十分谦虚的口气说：“我不敢说我能做成什么事，我只想在诸侯们会见的时候，我能穿上礼服，做一个小小的司仪就行了。”

孔子听了以后，又没有说什么。这时候他转过脸去对着正在弹琴的曾晰问：“点（曾晰的名字），你呢？”曾晰放下拨弄琴弦的手回答道：“我与他们的想法不一样。”孔子说：“不一样有什

**【评述】**用“和”与“同”的不同表现来区别“君子”与“小人”。“和”即和谐、合适、恰到好处之意。“同”即相同、附合之意。两字含义不同，“君子”、“小人”的做法是不一样的。从孔子的话中可体会到：君子有头脑，会办事，能把事情办好；小人为己利，瞎奉承，会把事办坏。孔子的话说明君子正直、高洁，不阿谀、不屈从；而小人则邪曲、低下。其褒与贬的态度跃然纸上。

**子曰：“君子上达，小人下达。”**

**【译文】**孔子说：“有仁德的君子通达于仁义道德，而无德的小人却只通晓财产之类的俗事。”

**【评述】**孔子用短短的八个字明确了“君子”、“小人”之分：一个通达仁义，一个讲

么关系，各有其志嘛！”于是曾晰慢条斯理地说出了自己的想法。他说：“我只希望在阳春三月，穿上轻便的春服，能自由自在地跟五六个朋友，再带上六七个小孩子，到沂河里去洗洗澡，然后站在舞雩台上去吹吹风，欢欢乐乐地唱着歌回来。这样，我就心满意足，再没有别的希望了。”

孔子听后，大声称赞道：“好啊！这跟我的主张是一样的。”

孔子为什么对前三人的主张不以为然，偏偏对曾晰的主张非常欣赏呢？主要因为曾晰所说的话描绘了一番升平景象，这种景象只有在国家强盛、富足又在外交上立于主动的基础上，才能出现。这符合孔子“老者安之，朋友信之，少者怀之”的仁政主张。这件事载于《论语·先进篇》中的“四子侍坐章”，曾晰的话具体地体现了孔子的治国思想。

在古鲁国的十二个门中，其南面偏西的一个门叫做雩门，舞雩台便在此门外。明嘉靖四十五年（公元1566年）秋，署曲阜县陈又信立“舞雩坛”三个大字的石碑仍存（现置孔庙奎文阁前西碑亭内）。此处当年还有一碑，正面书“圣贤乐趣”四个大字，

求货利；一个越修养越高明，一个越发展越卑下。两者泾渭分明，不可逾越。孔子作此分析，是要人们做“君子”，通达仁义，切勿做“小人”，有防患于未然之意。

**子曰：“骥不称其力，称其德也。”**

**【译文】**孔子说：“（同样的马，为什么称千里马做骥呢？）不只是因为它有很大的力气，人们主要是肯定它的品质啊！”

**【评述】**孔子在这里用良马作比喻来说人。单是有力气，不能称作好马，只有具有坚韧不拔的品性，听从主人役使的性格，人们才对它特别爱护与称赞。一个人也是这样，光有本事、有学问还不行，一定把本事用到正处，还要正直有德。所以说评论一个好人、好马的标准，主要是看其品德，而不是看其技术。孔子这样看问题，是较深刻的。

碑阴题"孔子游舞雩，樊迟从而问学。夫子喜□□之学贤固在山水之间也。今□□坛尔有崇德修匿辨惑想□是乎。"（见《论语·颜渊》）可知此地为孔子及其弟子教学之暇游憩之所。

孔子经常与弟子到舞雩台游玩，畅谈理想。

**或曰："以德报怨，何如？" 子曰："何以报德？以直报怨，以德报德。"**

【译文】有人问孔子道："用恩德回报对自己有怨气的人怎么样？" 孔子回答："（那倒不必，如果那样做了）对那种对自己有过恩德的人又怎样报答呢？不如把正直的道理讲给对自己有怨气的人，再把恩德用到对自己有德的人身上（为好）。"

【评述】当时社会上可能流行着一种"以德报怨"的说法，以致有人这样对孔子发问。别人对不起自己，自己再出乎意料地以德相报，这样做虽然看起来似乎对别人更好，孔子对于这种反常的态度却是不同意的，所以便说了"以直报怨，以德报德"的话。由此可见孔子对于自己修德和对待别人的态度上，还是比较实际一些的。好事也不要做过了火，做过了火反而不易被人接受。而应实实在在，不唱高调，少说空话，

## 泮池春色

曲阜城内东南隅，有一座小巧玲珑的池塘。塘中心有一小片陆地，向北通到塘外。这便是历代为人吟咏的古泮池。《诗经·鲁颂》中有《咏泮水》一首，诗曰："思乐泮水，薄采其芹"，"鲁侯戾止，在泮饮酒"。意思是说，你如果想游乐的话，最好到泮水边去。你可以走近前去采摘生长在那里的美味芹草，作为纪念。当年鲁侯便很重视泮水的地位和景色，常常在那里饮酒会客，举行一些活动。泮池距当时鲁城最繁华的雉门（正南门）很近，孔子当年在鲁城设教，自然常常带学生到那里去游览。或作春日游乐，或作课余休憩，而游玩正是为了更好地读书求知。封建时代，把中秀才的人叫做"进学"，也叫"游泮"或"采芹"。这种文雅的称呼，意思是说一个文人如果中了秀才便取得了游泮池和"薄采其芹"的地位和资格。曲阜是孔子的故乡，孔庙的规模非常大，不仅孔庙棂星门外有泮桥（又称璧水桥）及一条泮水西行出水门而注入城壕（今已干涸，但痕迹仍可见），而且泮池中还有水口和明暗水道。

在对待别人的态度上，以别人能够接受为准，这种态度还是比较实际的。

**子曰："君子求诸己，小人求诸人。"**

【译文】孔子说："一个有仁德的君子，事事由自己干，而无德的小人却事事求助于别人。"

【评述】"求诸己"、"求诸人"是对待事情的两种不同态度。前者立足于自力更生上，有事情自己先干，有错误自己承担；后者建立在依赖外援上，有事情找别人，出了问题推向别人。显然前者是对的，后者是错误的。孔子这两句话的意思很明显是赞成前者，否定后者。

**子曰："君子矜而不争，群而不党。"**

泮池水清池秀，红莲白藕，淡雅清新，幽雅恬静。在此垂钓散步，倒也怡情爽神。久负盛名的《五凤二年刻石》就是从这个池附近发现的。明代衍圣公孔弘泰在池泮建起别墅居住，清乾隆帝八次到曲阜朝圣，多次把这里当作离宫。乾隆二十一年来此时，所赋诗中曾有“采芹献馘今符古”句，也引用此处“采芹”的典故。

泮池久为行宫禁地，一般人不得进入，长时间无人居住，一些建筑物就废弃了。清末外国侵略者要在泮池北面盖教堂，当地百姓不允。为了占住这个地方，在行宫旧址盖起了一座文昌祠，供奉文昌帝君，以祈求科甲功名的昌盛。嗣后改为小学。

现在，古泮池仍清泉涟涟，杨柳依依。池内莲叶青青，假山参差。钓鱼台上的“四明亭”屹立水中。观光游憩者络绎不绝。当春光明媚，绿柳吐翠，人们信步来到池边的时候，想到当年孔子也曾信步来此游憩，会顿增游兴而留连忘返的。

**【译文】**孔子说：“君子庄重自尊，不与人争强斗胜，能普遍团结人而不搞小宗派。”

**【评述】**因为君子品德高尚，办事公道，所以不轻易和别人争吵辩论，因为他为公（为国家）而不是为私，所以能够团结别人，一起保卫和巩固自己的国家，而不拉拉扯扯，结党营私。此说对后人颇多启发。

**子曰：“人能弘道，非道弘人。”**

**【译文】**孔子说：“人能够把道加以扩大，道却不能来扩大人。”

**【评述】**孔子心目中的“道”，是他哲学思想的核心与理想。应是“仁”及由此产生出来的“德治”。人发展和扩大了这种“道”，使这种“道”逐渐被人认识并力求把它实现。“道”却不能左右人。人和道的关系显然人是主导方面，是人创造、发展、扩充

古泮池因孔子当年在鲁城设教，常带学生来此游览而著名

了道，而不是道创造、发展、左右着人。这里强调了人的主观能动性。山东曲阜孔庙的第三道门为弘道门，即发扬光大孔子之道的意思。

**孔子曰："君子有三戒：少之时，血气未定，戒之在色；及其壮也，血气方刚，戒之在斗；及其老也，血气既衰，戒之在得。"**

**【译文】**孔子说："一个有仁德的人，有三种事情应该警惕戒备：青少年的时候，血气还未固定，不要迷恋女色。到了壮年，血气正在旺盛，不要好胜喜斗。等到年纪老了，血气已经衰竭，便要戒贪得无厌。"

**【评述】**孔子分析认为：一个人青少年时期，身体尚未发育完好，不要过早结婚或贪恋女色，致耗伤精力，未老先衰（乃针对当时人们早婚而言）；到了壮年时期，体魄

## 观欹论道

孔子提倡“中庸”思想，他认为不管办什么事情，“既不应办不到，也不要过了头”，应该恰如其分，他把这种思想视为人们“最高的美德”。依据孔子这一主张，后人演绎了一个孔子观欹论道的故事：

有一天，孔子到鲁桓公庙中去观光，走进殿内，看见一件青铜器悬挂在一个架子上，样子是倾斜的。孔子不解地向守庙人询问，回答说：“这叫做宥坐之器，也叫欹器。”

一句话提醒了孔子，孔子说：“是啊！我听人说过这种东西。它里面空着就倾斜，如果把水装满，就要翻倒。只有装进一半水，才能将它挂正。”守庙人听孔子说出它的特性，为孔子知多见广而啧啧称赞。

孔子说到这里，深有感慨地说：“世间的事物不也是这样吗？功劳越大，越要谦虚；越有勇力，越要谦让；自己越聪明，越要谨慎。即使你富有四海，也要谦虚谨慎，万不可骄横凌人啊！”这些话体现了孔子提倡的中庸思想。

健全，精力旺盛，容易发火，不要迷恋争斗（乃是针对当时人们好斗的习惯而言）；进入老年期以后，血气衰减，很多事力不从心了，不要争名夺利，贪图享受，患得患失，欲望无穷，应怡情放怀，安养天年（乃针对当时一些统治者贪得无厌而发）。这种分析，既体现出孔子要人们修德的精神，又有一定的科学道理，应是他从多年来观察人、教育人中总结出来的宝贵经验。

**子夏曰：“大德不逾闲，小德出入可也。”**

**【译文】**子夏说：“一个人对于纲常伦理这样的大节，不能超越应有的界限，（但是）

现在曲阜城外东北的周公庙一带，就是当年鲁国的太庙，里面曾供奉过鲁国国君的牌位。周公庙内的《金人铭》中记："孔子观周，入后稷庙，右陛之前，有金人焉。"文中的内容也同样体现了孔子的"中庸"思想。

**观欹论道**

孔子说：功劳越大，越要谦虚；越有勇力，越要谦让；自己越聪明，越要谨慎。即使你富有四海，也要谦虚谨慎，万不可骄横凌人啊！

关于生活中的细节（即小德），多少有点放松也还是可以允许的。"

**【评述】**子夏此处所指的"大节"，尽管都是些治人之道，"小节"尽管都是统治者日常言行的内容，但他特别看重"大节"、可以适当放松"小节"的主张，却是有些道理的。因为大节是根本、是原则，如果违反了根本和原则就要造成大乱；小节是枝节、是末节，违反一点有时无碍大局。这种坚持原则、小处可适当灵活的主张对后世很有参考价值。

**子贡曰："纣之不善，不如是之甚也。是以君子恶居下流，天下之恶皆归焉。"**

**【译文】**子贡说："（商王）纣坏的程度，不一定像现在人们说得这么严重吧！所以一

## 观川叹水

在孔子出生地尼山的东面山麓下，有一条水面宽阔的河流，叫做蓼河，河水不停地流淌着。山区里有这样一条河，既能增添活意，又可灌溉附近农田，为百姓造了福。

有一天，孔子信步来到了蓼河岸边，看着滔滔的河水，一直不停地向下游流去。流水遇到石头，激起一个个浪花和漩涡。从上游冲下来一片树叶，渐渐漂到跟前，不一会儿又漂向下游，变得无影无踪，上游流来的水又继续向下流呀流……孔子见后，深有感慨地说：

"逝者如斯夫，不舍昼夜。"

孔子这段哲理性很强的话，说明世间的事物如同流水一样，在不停地发展着，前进着。西方有个哲学家说，"人不可能走进同一条河流"，这话和孔子的一样，生动地说明了事物发展的道理。孔子还曾说过："殷因于夏礼，所损盖可知也。周因于殷礼，所损盖可知也。其或继周者，虽百世可知也。"在他回答弟子子张的问话中，说出殷继夏、周继殷的礼仪制度的道理。尽管继承

个有仁德的君子千万不要居于下流，因为一入下流，人们便把一切恶名都加到他身上。"

**【评述】**子贡这番话很有道理。人们说起谁坏，往往把一切坏事都加到他身上，人们把这个人说得比他实际上要坏得多。这正是说了一句实话，像对纣就是这样。由此引申为一个人千万不要居于下流啊，因为一入下流，别人便会把一切坏事都加到自己头上。这段话一方面强调修德，一方面也是对那些给人乱加恶名者表示不满。

**子曰："志于道，据于德，依于仁，游于艺。"**

**【译文】**孔子说："（一个人）应该立志于实现自己的道，坚定了志向以后，再用德来加以据守，并依靠仁的精神来处理一些事情。至于仁德思想，则游憩于礼、乐、射、御、书、数之中。"

中有所增减，但继承的内容却也不少。孔子还讲到百代以后仍要继承周代的礼仪制度。这也说出了事物的继承性。

孔子的“观川叹水”，一反过去那种把事物当作一成不变的看法。这种萌芽中的发展观点，引起了后人很大的关注。毛泽东同志在1965年横渡长江后，填写了《水调歌头·游泳》一词，其中的“子在川上曰：‘逝者如斯夫’”一句，正是对孔子这番言论的赞扬。后世在蓼河西岸的尼山孔庙东南角，建造起一座观川亭。人们登临此亭，在居高临下地观赏“逝者如斯夫”的蓼河水的时候，亦可站在亭内仔细回味孔子当年观川时这一名句的深意。

**【评述】**孔子从来提倡仁德，把它视做人的立身之本、处世之道。但是仁德应该建筑在立志于道的基础上。所谓立志于道，便是胸怀中有一个远大的、既定的目标。“仁”、“德”是为实现自己的目标服务的。前三句所说的道德标准，最终要落实到具体的本领上，从行动中来体现。

**孔子曰：“见善如不及，见不善如探汤。吾见其人矣，吾闻其语矣，隐居以求其志，行义以达其道。吾闻其语矣，未见其人也。”**

**【译文】**孔子说：“（一个人）见了善良的人和事，努力追求，一直好像赶不上似的。遇见不善的人和事，就好像是把手伸进沸水里一样，赶快避开。（这种好善恶恶的人是有啊），我看见了这样的人，我听见了他说话。（这种人在天下大乱的时代里）隐居

## 过庭诗礼

《论语·季氏篇》记着这样一个故事：

有一个叫陈亢的人，向孔子的儿子伯鱼问道："你是老师的儿子，你在老师那里听到过与别人不同的传授吗？"

伯鱼回答："父亲对我并没有什么特殊的传授。记得有一天，他在院里站着，我恭恭敬敬地从他身边走过时，他叫住我问道：'你学《诗》了吗？'我回答'没有'。他对我说：'如果不学诗，在人们面前便不会说话呀！'于是我便回去学《诗》。过了几天，他站在庭院中，我又恭恭敬敬地从他身边走过时，他又问我：'你学礼了吗？'我回答'没有'。他说：'如果不学礼，便不能在社会上立身处世做人啊。'于是我便回来学礼。我接受父亲的教诲就这两件事。"

陈亢听完后非常高兴地说："我本来想问一件事，却意外地知道了三件事：知道了学《诗》、学礼的重要性，也知道了一个有道德的人对自己儿子严格要求的态度。"

后世为了表彰孔子教子学《诗》、学礼一事，把孔子故宅前

起来保全他的意志，照着义的标准来贯彻他的主张。我曾经听说过这样的语言，却从没见过这样的人啊！"

【评述】孔子主张修德，包括"见贤思齐"和"嫉恶如仇"两个方面，真正能够这样做，才能很快地培养自己的仁德。这方面的道理，人们往往都会说，但真正做到却不容易啊！这种看法还是比较客观的。后面对有德性之人的表现的描述，是比较理想化的，能这样做的人并不多。孔子的这番言论在于慨叹世人多不修德，多不按上述方式去做。孔子所主张的修德的目的有着明显的局限性，但仅就修德这一点来说，却是可取的。"见善如不及，见恶如探汤"已成为后世修养者所奉行的名句。

（今孔庙内西部）纪念孔子的寿堂改为诗礼堂，把孔子当年的“衣冠、车服、礼器”陈列在里面。北宋初年真宗朝圣时，曾驻跸于此堂。真宗回到兖州后，地方官奏请去掉诗礼堂宝顶的鸱吻，改为孔氏延宾斋。明弘治年间又改为诗礼堂。清康熙帝到曲阜朝圣时，孔尚任曾在诗礼堂给他讲过经书。乾隆帝朝圣时，曾为诗礼堂赋诗刻石，诗为“昔者趋庭，诗礼垂训。维言于立，伊维不奋。九仞一篑，愿勉乎进，御堂听讲，景仰圣舜。”译成现代汉语即：

回想起当年孔鲤过庭时孔子的教诲，
把学诗学礼的道理叫儿子牢记在心。
他从来说到做到自己带头做出榜样，
谁听到这种优良品德能不为之振奋。
学无止境要不断努力切勿功亏一篑，
从此勉励后人要照着这一嘱咐前进。
我祖父当年曾在此请人把经书讲诵，
今天我到此处对孔子更加景仰至深。

### 子张曰：“执德不弘，信道不笃。焉能为有？焉能为亡？”

【译文】子张说：“（有一种人）对于所履行的道德不坚定，信了这个道义，又不能够意念真切，（而是敷衍了事）。（这种人）有他也不多，没他也不少。（这是一种无足轻重的人啊！）”

【评述】子张认为对于仁德，应该坚决地执行；对所学的道，应该认真地对待。不要打折扣和犹豫不定。不这样，便是可有可无、不值一提的小人。全句强调一个人要坚信道德。一个人要干什么事就要坚决干，不要犹豫，不能马虎，才能干好。对于那种不认真干事的人，千万不能指望他，指望他会坏事的。

## 项橐挡车

《三字经》中有“昔仲尼，师项橐”一句，说的就是孔子称一个叫项橐的小孩为师的故事。

有一天，孔子乘坐着马车出行。大夫身份的孔子雍容华贵，弟子子路在前面赶着车子，高头大马缓缓地行进在鲁城东西的大道上。忽然车子前面出现了一堆土围成的一个圈，圈内站着一个年纪大约七八岁、稚气十足的小孩子，他在那里把腿一叉，把手一伸，拦住车子，不许过去。子路上前去赶，也赶不走他。孔子叫弟子停下车来，问道：

“你叫什么名字？为什么拦住我的车子？”

“我叫项橐。——你问我的名字干什么？你没看见我在做什么？”小孩一本正经地说。

孔子下得车来，缓步近前一看，原来这个小孩用土筑起了一个城，四面还有门呢！孔子正在仔细端详土筑的小城时，听小孩又说：

**南宫适问于孔子曰：“羿善射，奡荡舟，俱不得其死然。禹、稷躬稼而有天下。”夫子不答。**

**南宫适出。子曰：“君子哉若人！尚德哉若人！”**

**【译文】**孔子的弟子南宫适（南容）向孔子问道：“（古代有穷氏的君主）羿善于射箭，（寒浞的儿子）奡擅长水战，（两人的本事不能说不好啊！但是）他们都没有得到好死，而夏禹和后稷亲自下地种田，（并没有什么特殊本领）却得了天下，（怎样理解这些历史现象呢？）”孔子没有回答。等到南宫适退出以后，孔子对别人说：“这个人真是个君子啊！崇尚道德的就是这个人啊！”

**【评述】**南宫适在发问中以四个历史人物为例，说明崇奉武力不一定能善终，使用仁

“你不是孔夫子吗？听说你是个最有学问的人。我问你一个问题。”

“小孩子能问什么大问题，我老师没有不知道的。”赶车的子路十分自信，藐视地对小孩说。

“请问孔夫子，如果你的车子走近城边，是绕城而走呢？还是把城压坏，从城上面走过去呢？”小孩不慌不忙地向孔子发问。

“这个……”孔子不是不知道车绕城走的道理。但因小孩筑的城太小了，不愿对他爽直回答。

只见这个小孩又理直气壮地说：“我知道你不愿回答我的问题。但是自古以来只有车绕城走的做法，没有车从城上压过去的道理。既然你的那个叫做车，我的这个叫做城，那就只能按这个道理行事，是吗？”

小项橐的一番话，说得孔子哑口无言，孔夫子十分感慨地对弟子们说：“这个小孩用道理说服了我，他就是我的老师啊！”

德终能得天下的道理，孔子虽未马上回答，但却对他的问话表示赞同，所以他一离开，孔子便对其大大地称赞了一番。孔子从来主张尚德不尚力的，他认为使用武力征服人者，人心不服，统治不稳。只有关心百姓，体察民情，为百姓做好事的人，才能得人心，受人拥戴，而立于不败之地。最高统治者如能这样以德治国，便可永保统治，成为明君。此话虽出自南宫适之口，却是孔子尚德主张的体现。

## 童子问日

曲阜东门外有个古城村，是宋代仙源县故址，也是当年鲁国的东郊，《列子·汤问篇》记童子问日的故事相传就发生在这一带。

有一天，孔子和几个弟子出了鲁城的东门，向东郊走去。刚走不远，就看见两个小孩在激烈地争论一个问题。两人争论得面红耳赤，各不相让，忽然见孔子来了，都很高兴。他们知道孔子在鲁国是个最有学问的人，便争着请孔子评理。

那个胖一点的小孩抢先说：“我认为天上的太阳，早晨离我们近，中午离我们远。”

“不对。天上的太阳早晨离我们远，中午离我们近。”瘦一点的孩子反驳胖孩子。

孔子见二人各执己见，也对这个问题产生了兴趣。对他们说：“不要光说自己对，还是说说你们各自的理由吧。”

“好！我先说。”胖孩子又抢了先。他说：“每天早晨我们向

**子路问成人。子曰：“若臧武仲之知，公绰之不欲，卞庄子之勇，冉求之艺，文之以礼乐，亦可以为成人矣。”**
**曰：“今之成人者何必然？见利思义，见危授命，久要不忘平生之言，亦可以为成人矣。”**

**【译文】**子路（向孔子）问怎样才是个全人，孔子回答道：“（如果一个人）智慧像臧武仲，清心寡欲如孟公绰，勇敢像卞庄子，多才多艺像冉求，再用礼乐成就他的文采，那就可以说是一个全人了。”过了一会儿又说：“今天的全人哪能一定要这样呢？（他们）看见有利的事情就想该得不该得，遇到危险的事便肯豁上性命，经过长久的穷困日子也不会忘记自己以前的诺言，这样也就可以说是一个全人了。”

东方看太阳时，太阳大的像个车轮子。可是到了中午再去看太阳时，太阳就小的像只饭碗了。谁不知道离得近的东西看着大，离得远的东西看着小啊！”

“不对！”瘦孩子用手把胖孩子向后一拉，抢上前说：“你不知道吗？早上的太阳照到人身上不太热，很舒服。可是到了中午呢？太阳当头晒，就像人把头扎进热水里一样。比方一个大火炉，离人近觉着热，离人远便觉着凉。太阳和人的关系不也是这样吗？”

两个小孩各执己见，争论不休。孔子听听这个，有道理，听听那个，也有道理，不知怎样回答。他从来都反对那种强不知以为知的不良作风，不愿做那种不懂装懂的人，于是老老实实地对两个小孩说：“你们提出的问题，我也不知道。”

**【评述】**孔子引证许多有特点的古人来说明自己关于“成人”的标准，是博采众长、主动向一些有优点的人学习。后来说的话要求低一些，是依据当时的实际情况。他能因子路的发问说出这一些认识，足见其道德品质之高。

**子曰：“吾十有五而志于学，三十而立，四十而不惑，五十而知天命，六十而耳顺，七十而从心所欲，不踰矩。”**

**【译文】**我从15岁便开始立志学习；30岁（学得了礼仪）在社会上能立身处世做人；40岁（因为掌握了一些知识）便不会被一些非礼的现象所迷惑；50岁便可知道事物的规律，60岁时对于所听到的一些是非真假，便能够很好地辨明；到了70岁时，就可以（在循礼的范围内）随心所欲地去做，但却又不超出礼的界限。

## 编写春秋

在曲阜城东南七八千米的地方，有个息陬村。传说孔子由尼山去鲁城时，曾在这个地方休息了一会儿，后世遂把这里叫做息陬。这个村的北面从前有个春秋书院，院内曾立着一座石碑，上面书写着“孔子作春秋处”六个大字。任昉《述异记》中说孔子作《春秋》就在这里。

孔子一生的政治活动，不论在国内、国外，都以恢复西周初年的奴隶制盛世为己任。当时我国奴隶制已处于衰亡时期，西周时期的礼乐遭到严重破坏，各国以下犯上、以卑凌尊，子弑父、臣弑君的现象时有出现。孔子知道这样的事情以后，心里非常气愤。当年鲁昭公被国内大夫赶跑时，他就看不惯，并随君出走。后来大夫杀死国君的事竟然在离其不远的齐国发生了，更使他火冒三丈。孔子要求讨伐齐国，但得不到支持。没有实力，又不愿放弃恢复周礼的主张，于是

**【评述】**这是孔子对自己一生中认识发展规律的一种写照。首先认识的发展是建筑在立志的基础上，只有立下坚定学习的志向，才能坚持下去，发展起来。学习是如此，做其他事情也是如此。因为学习的志向坚定，所以学习起来就能够步步深入，不断提高，每个阶段有每个阶段的新收获、新提高，而每提高一步，都要克服一定的困难。这就要不断坚定学习的志向，不断克服前进中的困难。孔子一生的学习就是走了这样一条道路。这段话也体现出孔子对人一生各个不同阶段的划分，是符合人的认识发展规律及心理学的规律的。他把一个人看作是不断在发展中的人，把人的思想看作是不断发展、提高的而不是一成不变的，这在世界心理学史上还是第一次。

孔子便用编书的办法来寄托自己政治上的愿望。

当时各国有一些政治档案（鲁国的叫做《春秋》），还称不上什么史书。这些东西记载了当时本国及其他国家发生的一些事情。孔子把鲁国那些记事档案拿来进行整理、编撰。在编写时，把自己的政治观点加进去。他认为是善的，在书中极力褒扬；他认为是恶的，就极力批评。有些不依周礼行事的“乱臣贼子”，他无力制止，便把这些人做的坏事记载下来，以此警喻世人，要大家都照着周礼的要求去做。

他便经常一手拿着竹简，一手拿着笔，不停地一笔一划地写呀写。虽然已上了年纪，有时手在颤抖，写到激动处额头上还时时浸出一些汗珠，但是他仍不休息。当他的弟子子夏等人问起他为什么写这部著作时，他说：“这是一部历史书。我整理的是鲁国的历史，实际上是要把近几百年来诸侯纷争的情况按照周礼的标准记载下来，传给后人。尽管我这不是

**子贡问君子。子曰：“先行其言而后从之。”**

**【译文】**子贡向孔子问做君子的道理，孔子说：“（对于你要说的话）先实行以后，再说出来（这样才能算是个君子）。”

**【评述】**在说与做（言与行）两者关系上，孔子把做（行）放在第一位，把说（言）放在第二位。要人们先做了再说，而不是先说后做，更不是只说不做。孔子把这种人称作“君子”，也就是认为虽标榜道德高尚，但光说不做的人，道德水平不高。这是一种重视实践的观点。

**子曰：“岁寒，然后知松柏之后凋也。”**

**【译文】**孔子说：“（只有到）天气冷的时候，人们才知道松柏这样的乔木最后落叶。”

什么著作，只是把人家的东西整理、转述一下，但是这部书融进了我的见解。后代人无论是知道我孔丘的，还是怪罪我孔丘的，都因为我编了这么一部书啊！”

经过艰苦、耐心的整理与编撰，在公元前481年，71岁的孔子终于把这部划时代的大作完成了。孔子整理的《春秋》记载了鲁隐公元年（公元前722年）到鲁哀公十四年（公元前481年），鲁国12位国君、242年的主要事情。这是我国历史上第一部编年史，孔子也是我国历史上第一个史学家。

**【评述】**孔子在这里以松柏作比喻，赞颂人们坚强的性格。春夏之际，草木葱茏，繁花似锦，人们看到的种种花木都很好，谁坚强，谁懦弱，很难分出高低。只有到了深秋、隆冬，万木凋零时，才显出松柏后凋。对人来说，也是这个道理。平日国家升平无事时，一些人一再表示忠于国家，话说得很好听。只有当国家处于危难之际，需要个人放弃利益为国解忧，甚至需要为国家捐躯时，才能看出一个人是不是一个真正的爱国者，是不是一个坚强的斗士啊！

**子曰：“士志于道，而耻恶衣恶食者，未足与议也。”**

**【译文】**孔子说：“一个读书人有志于真理（就应该不讲究吃、穿，全心全力地去追求真理），但是有的人却以自己吃的不好，穿的不好为耻辱，对于这种人，是不值得与

**编写春秋**

《春秋》是我国历史上第一部编年史书，孔子是我国历史上第一个史学家。

他商量什么的。”

**【评述】**孔子认为立志追求真理，应该忘掉一切，首先要忘掉最起码的生活享受。如果连这一点也忘不掉，不肯舍弃的话，那么这种人便不是对真理的真心追求者，便是不值得一提的伪君子。孔子对立志追求真理的人做出如此分析，正是强调个人应该坚守自己的志愿，志向坚定，才能够达到希望的彼岸。

**子曰：“学而时习之，不亦说乎？有朋自远方来，不亦乐乎？人不知而不愠，不亦君子乎？”**

**【译文】**孔子说：“努力学习，学了以后又不断地复习巩固，这不是很快乐的事吗？（因为我学习有成）有些朋友从远方来（和我一起探讨学问），不也很快乐吗？（我学

孔林位置图

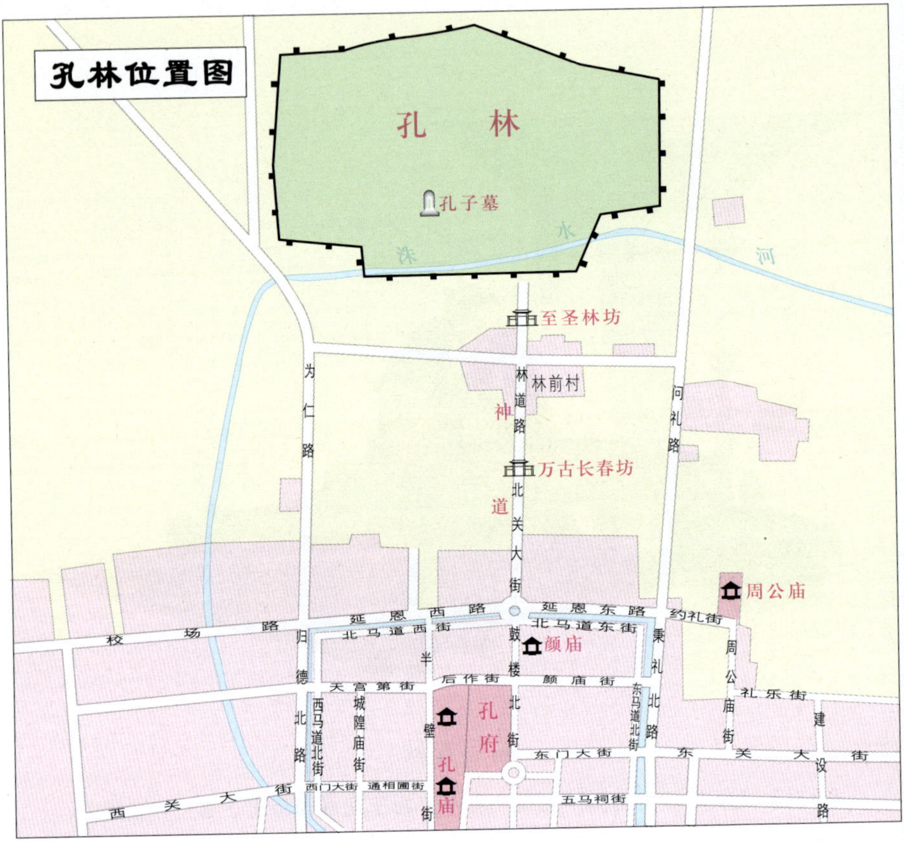


习是为了提高自己，不是为了装璜门面，给人家看），人家对我的学问（或对我个人）不理解，我听到以后并不生气，这不就是道德高超的君子的表现吗？”

**【评述】**这一章作为《论语》第一篇的第一章出现，自然会有其特殊的含意。它暗示人们：作为思想家、教育家的孔子，对学习特别重视，并且强调学习后的练习及与别人的讨论。这一章说了一个学习方法的问题和一个学习态度的问题。

**子谓颜渊曰：“用之则行，舍之则藏，惟我与尔有是夫。”**

**子路曰：“子行三军，则谁与？”**

**子曰：“暴虎冯河，死而无悔者，吾不与也。必也临事而惧，好谋而成者也。”**

**【译文】**孔子对颜渊说：“天下用着我，我们把道理和本事使出来；如果没有谁用我，

## 孔林

曲阜城北的孔林，是1961年国务院颁布的全国重点文物保护单位之一，它以埋葬孔子而出名。

据《史记》载："孔子葬鲁城北泗上……弟子及鲁人往从冢而家者百有余室，因命曰孔里。鲁世世相传以岁时奉祠孔子冢，而诸儒亦讲礼乡大射于孔子冢。"那时还是墓而不坟（无高土隆起）。到了秦、汉时期，虽将坟高筑，但仅有少量墓地和几家守林人。随着孔子地位的提高，自汉以来，孔林日扩。东汉桓帝永寿三年（公元157年）鲁相韩敕修孔墓。在墓前造神门一间，在东南又造斋宿一间，以吴初等若干户供孔墓洒扫。当时"地不过顷"。南北朝高齐时，才植树600株。宋代宣和年间，又在孔子墓前修造石仪。元文宗至顺二年(公元1331年)孔思凯又主持修建了林墙，开始构筑建门。明洪武十年(公元1377年)广增林田。永乐年间扩孔林为18大顷(120公顷)，再次修筑林墙。弘治年间修驻跸亭、享殿等建筑。康熙二十三年（公元1684年）又将孔林扩为3000亩（200公顷）的规模。雍正八年（公元1730年）起，大修

我便藏起来。能够做到这两点恐怕只有你和我两个人吧？"

子路（听见老师赞美颜回的话，自己凭着力气大，懂军事，便对老师）说："你若率领三军的话，要去找谁一起干呢？"

孔子（回答他）说："赤手空拳和老虎搏斗，不用船只便要渡河，那样（有勇无谋）死了也不后悔的人，我是不与他共事的。我希望与我合作的是面临任务时，思想上紧张，行动上谨慎，多谋善断，而又能把事情做好的人。"

**【评述】**孔子在与两个不同性格的弟子的对话中，进一步说明自己一贯主张的道理。对颜回的一段话，说明自己是有条件的入世。遇明主则使出本事，无人用己之才则不勉强。自己的行为是为了从政治国使天下太平，不是无目的的行动。孔子对子路

孔林3年，耗银25300两，重修了各种门坊。朝廷又拨出大量洒扫户，并派专官守卫。据统计，自汉以后，历代朝廷对孔林重修、增修过13次，扩充林地3次。今孔林总面积为200公顷(大于旧曲阜城)，周围垣墙长达8000米，林墙高三四米，厚约5米。

孔林是孔氏家族的丛葬地。从孔子开始，历代嫡裔的墓址大部存在，自明代以来孔氏60户皆分区埋葬。这一著名古墓群，历来与陕西黄帝陵齐名，但规模却比黄帝陵大很多。林内碑碣如林，石仪成群，有些石碑题字出自名家之手，如李东阳、孔尚任、翁方纲、何绍基、阮元、康有为等人。

林之前（南）部中心的一些建筑，多为祭孔而设。林外有神道、文津桥、万古长春坊。至圣林门（大林门）内有二林门、观楼、洙水坊、洙水桥、墓门、享殿，其旁还有祭前作准备工作的更衣厅等。

《史记》载“孔子冢大一顷”。日后孔子冢呈马鬣封，是一种特殊尊贵的建墓形式。墓周环以红色垣墙，墓前有大碑，篆刻“大成至圣文宣王墓”八个大字，系明正统八年(公元1443 年)黄

論語

的回答，明确地提出做事要有勇有谋，不要凭一时血气之勇鲁莽行动。意思是说：所谓行，不是胡行、乱行，而是有智谋地行、有目的地行，这样才能干好事业，做出成绩来。

**子曰：“君子耻其言而过其行。”**

**【译文】**孔子说：“一个君子感到耻辱的是他说的话超过了他的行动。”

**【评述】**孔子对于那种说得多，做得少的人，从来是看不起的。那种“言论的巨人，行动的矮子”，往往言过其实而又无济于事，反而会坏事。孔子为什么极力反对言过其行呢？因为他是一个讲实际的人，他反对夸夸其谈，主张做些实际的事情，主张一个人要以自己的行动给社会发展带来好处。

养正书。其后之“宣圣墓”碑系金元之物。墓前的石台，初为汉修，唐时改为从泰山上移来的“封禅石”，清乾隆时又予扩大。

孔子墓东为其子“泗水侯”孔鲤墓，前为其孙“沂国述圣公”孔伋墓，当地俗谓“携子抱孙”。墓西侧有子贡庐墓处，系纪念孔子弟子子贡庐舍6年而建。

**万古长春坊**

位于曲阜北门外，孔林神道中段。寓孔子思想万代不衰，如松柏长青。

子曰：“饱食终日，无所用心，难矣哉！不有博弈者乎？为之，犹贤乎已。”

**【译文】**孔子说：“有的人吃饱了饭，却不干活，这样的人是不行的啊！不是有一种博奕的游戏吗？做点那样的事也比闲着好啊。”

**【评述】**孔子从来主张有所作为，反对那些吃饱饭不干活的懒汉和寄生虫。这句话说得很到家了。哪怕是干点下棋之类的闲事，也比闲着强。孔子既把下棋作一种闲事，又不认为它是一种闲事。因为下棋要用脑子（即用心），通过下棋养成自己善于思索的能力，并非“无所用心”。孔子认为人用心（用脑），越用越灵。如果天天“饱食终日，无所用心”，便会变得迟钝呆傻。这八个字成为两千年来人们形容那种尸位素餐者的名言，体现出孔子力行的主张。

**孔林大门**

（至圣林坊）元代建筑，碧瓦朱栏。

**孔林享殿前神道**

孔林神圣、庄严，神道两旁各置石雕望柱、玄豹、甪端及翁仲等。

**子曰：“由，诲女知之乎？知之为知之，不知为不知，是知也。”**

**【译文】** 孔子说：“仲由，我教给你（一个）关于知道的道理。知道就是知道，不知道就是不知道，这才是真正的知道呢。”

**【评述】** 仲由（子路）性情比较鲁莽。孔子针对他，发表了这么一番谈话。后一句“是知也”有两种解释：有的说是对待知和不知的正确态度，有的说是聪明、智慧的“智”。两种解释的基本精神是一致的。它体现出孔子对待知识的一种实事求是精神，一个人说了实话，办了实事，对人、对己、对事都有好处，是最明智的态度。相反，强不知以为知，拿着自认为正确其实并不正确的大道理去吓人、骗人，为自己装点门面的做法，正是害人、害己、害事之道。

孔林图
七十四代孔繁灏
七十三代孔庆镕
七十二代孔宪培
六十四代孔尚任
七十五代孔祥珂
七十代孔广棨
七十一代孔昭焕
七十六代孔令贻
六十九代孔继濩
六十七代孔毓圻
六十八代孔传铎
六十六代孔兴燮
四十三代孔仁玉
孔鲤
殿
河
水
二林门

## 血溅桃花

孔林后部偏东、环林大道北边，矗立着一座高大的坟墓。墓碑上有两行正楷大字："奉直大夫广东清吏司户部员外郎东塘先生之墓"。这就是我国古代著名的古典戏剧家孔尚任的长眠地。

孔子64代孙孔尚任，号东塘、岸堂，自称云亭山人。清军入关不久，顺治五年（公元1648年）生于曲阜一个书香门第的家庭中。祖父是个庠生，父亲孔贞璠是崇祯六年的举人，博学多才，且崇尚气节。时值明朝末年，谗佞专权，政治黑暗，孔贞璠不与阉党同流合污，闭门在家，不肯出仕，后来又进行过一些反清活动。其三子孔尚任便受到他很大的影响。

曲阜孔庙东有个孔颜曾孟四氏学，是专为培养四家"圣裔"的学堂，孔尚任早年就学于这里。年长后曾屡次应试不中，又对清初新统治者的一些政令不满，遂隐居于石门山中。

石门山在曲阜城东北约30千米处。东有黄石山，西有九仙山，上有玉笔峰。三面环山，风景幽美，山峦秀丽，山南有四块怪石屹立，形同石门，故名石门，也叫龙门。传说当年孔子曾经在这

是结党营私的偏袒与勾结别人。道德低下的小人则只知勾勾搭搭，不会照顾大局和讲求团结。"

**【评述】** 同是与人交往，孔子认为有两种不同的方法：一种是有原则的团结，一种是无原则的迁就。君子与小人在与人打交道时的态度截然不同。由此可知孔子主张光明磊落、正直无私。作为一种社会道德来说，这无疑是正确的。

**子曰："人之生也直，罔之生也幸而免。"**

**【译文】** 孔子说："一个人生在社会上，就因为他正直。那种不正直的人，也生在社会上，只不过侥幸免于祸害而已。"

**【评述】** 在这里，孔子把正直提到一个新的高度，这便是，只有正直才能生存于世上。

里读过《易》、子路“负米养亲，负笈从师”亦宿于此地。唐朝大诗人李白、杜甫也曾登山游览，置酒吟诗。孔尚任隐居石门，闭门读书，表示他对仕途生涯的冷淡。

但这种冷淡态度，很快便被一次偶然的机会打消了。康熙二十年（公元1684年），第67代衍圣公孔毓圻请他出山，帮助办理衍圣公府的丧事和主修《孔子世家谱》及《阙里志》。两年后清康熙皇帝到曲阜来朝圣时，衍圣公府推荐孔尚任为引驾官，专司引导皇帝到曲阜各地瞻仰。孔尚任还被皇帝指定在孔庙诗礼堂讲经书，这次讲经得到康熙皇帝的赞赏。半月后，孔尚任被破格授为国子监博士，从此走上了仕途。后累迁为户部福建清吏司主事和广东清吏司员外郎。他在做官期间，曾奉命往淮、扬一带疏浚河道数年，其间游历了南京、扬州等地，搜集野史，凭吊遗迹，并结识了一些明代遗臣，对南明兴亡颇多感触。他觉得应该将自己的感受表达出来，于是，青灯夜耕，惨淡经营，几易其稿，写成了反映南明王朝亡国之恨的《桃花扇》。

《桃花扇》全剧44出，以复社文人侯方域（朝宗）和秦淮歌

孔子认为世界上的人都应是正直的。我对你正直，你对我正直，大家都正直，社会便可以存在、发展。如果大家都以诡诈处世，那么天下就要大乱，人人不得安宁。孔子说，一个不正直的人生存在社会上，乃是侥幸的结果。这两句话一方面是对不正直的人以严重警告，告诉奸佞之人赶快放弃邪佞之心，转向正道；另一方面也说出了一个道理，即人们常说的“善有善报，恶有恶报。不是不报，时候不到”，害人者必害已，恶人不得善终。作恶的人虽一时能得逞，甚至死后或许能得个好名声，但真的假不了，假的真不了，事情总会水落石出，真面目早晚会显露出来。孔子这短短两句话，足可令人三思！

妓李香君悲欢离合的爱情故事为主要线索，反映出南明弘光小朝廷覆亡的历史悲剧。剧中描写侯朝宗出走，李香君抗婚未竟，头破血流，鲜血将侯郎赠的折扇溅红，又在溅血的扇上绘出桃花。这段剧情表现出较强的思想性与艺术感染力。上演之后，“岁无虚日”，坐不容膝，轰动了京师。观众观看演出时深深为剧中的情节所感染，在慨叹主人公的别离恨时也勾起了明朝的亡国之痛。《桃花扇》的走红也得罪了清朝皇帝和权贵，孔尚任渐渐被朝廷冷落。康熙四十四年，孔尚任弃官归休乡里，仍回到秀丽的石门山颐乐、著述，终其天年。

孔尚任有文采，通音律，又加上爱憎强烈，嫉恶如仇，因此他写的名剧《桃花扇》读起来文辞流畅，唱起来押韵上口。《桃花扇》剧情跌宕起伏，结构严谨紧凑，寓意深刻含蓄，是我国古典戏剧中的佳作。孔尚任还留下了诗文集《湖海集》、《石门集》、《长留集》等十几种及《出山异数记》等著作。在《孔府档案》和《阙里志》中还保存着一些有关孔尚任的资料。孔府内还有孔尚任的画像。近人卢兼三综观孔尚任一生，为其题诗：

论语

**子曰：“直哉，史鱼，邦有道，如矢；邦无道，如矢。君子哉蘧伯玉！邦有道，则仕；邦无道，则可卷而怀之。”**

**【译文】**孔子说：“史鱼是个很刚强的人，国家政治清明时，他正直的像支箭一样；国家政治黑暗时，他也正直地像支箭一样。蘧伯玉这位（显然比史鱼高过一筹的）君子，国家政治清明时，他出来做官；国家政治黑暗时，他把自己的本领藏起来。”

**【评述】**孔子这段话中赞扬了两个正直的人，前者显然不如后者，但这正体现了儒家“可仕则仕，可止则止”的主张。这是孔子、孟子的见解，后世诸葛亮等亦如此。

**子曰：“巧言乱德，小不忍则乱大谋。”**

**【译文】**孔子说：“花言巧语会败坏道德。小事情不忍耐，便会坏了大事。”

子从其使者口中知道他“正在设法减少自己的过错，但是还没有做到”的时候，十分赞赏，于是对使者极力夸赞了一番。蘧伯玉所做的，正是孔子所想的。一个人只有不断改正错误，才能把事情办好。只有认识到自己的过错，并不断改正，才能日日进步。孔子对别人的赞赏，其实正是对他自己及其弟子们的希望。

**子曰：“过而不改，是谓过矣。”**

**【译文】** 孔子说：“犯了过错而不去改正的人，才算是真正犯了大错呢。”

**【评述】** 古语说：“人非圣贤，孰能无过？”即使是“圣贤”也一样有过，孔子就曾多次承认自己有过错。从道理上来说，世界上各种客观事物十分复杂，一个人主观上很难看得全面。当看不全面按照主观意图去办时，往往会出现过错，这是正常的现象。

## 孔仁玉墓

孔子43代孙孔仁玉，字温如。其父孔光嗣被孔末杀害。仁玉告倒孔末，使孔氏中兴，世称“中兴祖”。墓在孔林孔子墓东北百米处。碑刻“宋兵部尚书袭封衍圣公之墓”。

不变的老眼光看人。

**蘧伯玉使人于孔子，孔子与之坐而问焉。曰：“夫子何为？”对曰：“夫子欲寡其过而未能也。”**

**使者出。子曰：“使乎？使乎？”**

**【译文】**卫国的老臣蘧伯玉（名瑗）派人来见孔子。孔子叫来人坐下以后问道：“蘧老先生现在做什么呢？”使者回答说：“他老先生在设法减少自己的过错呢……但是还没有做到。”使者走后，孔子夸赞说：“好一个（会说话的）使者！（好一个会应对的）使者！”

**【评述】**蘧伯玉是卫国的老臣，也是孔子的老朋友，他俩之间从来是互相敬重的。孔

在此前一年，孔光嗣的妻子张氏生下一个儿子，叫做孔仁玉。孔光嗣被杀时，正好张氏抱着9个月的儿子孔仁玉到孔林西北的张羊村去走娘家，才免遭杀害。但当孔末得知孔光嗣仍有后代在外时，为斩草除根，又勾结官府，围住张羊村，逼令交出幼子。张姥姥面对着有家难归、只几个月便要身首异处的孩子，心中十分难过，又想到如果让孔末将仁玉杀死，则“圣人”家就要绝了后、断了根，于是毅然把自家的孩子送出去顶替。这位慈祥的老人眼睁睁地看着孔末把自家的孩子捉去杀死，却含着热泪将孔仁玉保护了下来。孔末杀了孔氏全家后，自己当上了文宣公，掌握了曲阜县的大权。但是纸里包不住火，后唐明宗长兴元年（公元930年），孔仁玉已长大成人，他上书皇帝，告发孔末，揭露真相。说明自己是孔子的嫡裔子孙孔仁玉，藏在外祖母家。后唐明宗李亶为了尊崇孔子，经过调查核实，确证奏报不虚，便下令杀了孔末。命孔仁玉主持孔府祀事，并委任他为曲阜县主簿。长兴三年（公元932年）加封孔仁玉为文宣公。当时曲阜改为龚邱，还

所犯的过失要作具体分析。既然可以看出什么人犯什么过错，自然也能得出对所犯过错的处理办法。

**子曰：“已矣乎！吾未见能见其过而内自讼者也。”**

**【译文】**孔子说：“算了吧！我没有看见一个人在知道自己的过失以后，在心里怨恨自己，（与自己的错误针锋相对）好像打官司一样。”

**【评述】**孔子在发出一阵慨叹之后，说出这段话。直接的意思是：从来没见过对自己的错误如此怨恨的人。再深一层的意思是要人们嫉恶如仇，要痛下决心和自己的错误作斗争，决不姑息、决不让步。这种严格要求自己的做法，古时叫做“慎独”，今天是自我批评。一个人能做到不容易啊！

任命他为龚邱令，后又改为曲阜县令，最高时封赐为兵部尚书。皇帝除对孔子以大礼祭祀外，还规定礼祭七十二贤祠时各持酒脯等。

孔仁玉的四个儿子（宜、宪、冕、勖、）及其后人陆续分为“五位”，又分为“二十派”，再分为“六十户”，日益繁衍起来。孔氏后世子孙怀念他的功业，把他尊为“中兴祖”。对于搭救孔氏家族的张姥姥家，孔家历代都倍加礼遇与尊崇，甚至在孔林中建了张姥姥墓。张羊村张家每代都有个“张姥姥”（张家直系大儿媳）承袭，承袭者在衍圣公府内具有一定的权威，过去每逢旧历年时，被衍圣公府请进府内去的“张姥姥”宣布过年，孔府才能过年。这一特殊的孔家习俗显现出圣人家知恩图报的观念。

**互乡难与言。童子见，门人惑。子曰：“与其进也，不与其退也，唯何甚？人洁己以进，与其洁也，不保其往也。”**

**【译文】**（离鲁都不远的）互乡这个地方的人很难交往（或道德水平很低），但是孔子却接见了那里的一个小童子。他的弟子们对此表示困惑不解。孔子对弟子们说：“我们应赞成他们的进步，不赞成他们的退步，对人家为什么要求太苛刻呢？别人把自己弄得干干净净（改了过），到你这儿来，你就应该肯定并赞成他的洁净（改过），不要抓住以往不洁（过失）的缺点不放啊！”

**【评述】**孔子改变对互乡人的态度与之进行接触，令弟子们不解，孔子为此发了一番高论。孔子说：别人改正过错，由坏变好以后，就应该肯定人家的成绩，不要用一成

## 仁玉中兴

孔林中孔子墓后东北百米处有一座又高又大、与众不同的坟墓，墓前石碑上篆书“宋兵部尚书袭封衍圣公之墓”。历代衍圣公每年家祭时都要前去祭祀。墓中葬着孔子43代孙孔仁玉。孔仁玉为孔氏中兴立过大功。他是使孔氏中兴免衰的一个关键人物，因而被后世称作“中兴祖”。

唐玄宗开元二十七年（公元739年），皇帝封孔子为文宣王，诏令诸贤从祀的同时，将孔子35代孙孔璲之封为文宣公，此后7代陆续袭封不绝。五代时期，孔氏力量衰弱，孔子第42代孙孔光嗣只当了个泗水主簿，不但失掉了文宣公的爵位，自己也被别人杀了。

杀人者孔末，其祖孔景本是孔氏府第的一个洒扫户，后来他到府内供役，逐渐抓到一些权力。此人为了冒充圣裔，得到更多私利，经过周密布署，买通地方官吏，于后梁太祖乾化三年（公元913年）春，到泗水将42岁的孔光嗣杀死。

哪里跑的人，是破坏仁德的小人。他要弟子们坚决不要做这样的人。孔子通过对“乡愿”的反对，进一步强调了做人要正直和是非分明的基本主张。

**子曰：“人之过也，各于其党。观过，斯知仁矣。”**

**【译文】**孔子说：“看一个人犯什么错误，观察一下他常接触什么人就可以了。看看他犯的过失，就可知道他仁德的水平如何了。”

**【评述】**孔子在这里对世间的人作了一些分析。他认为人是各种各样的，因为他们所处的地位不同，要求和希望不同，因此所犯的错误也不同。对于一个人要从各方面观察，从他所犯的错误观察也是一个方面。通过这种观察，便可知道这个人的思想水平。孔子的这番议论，体现出他对人观察的全面性和内容的广泛性。这段话还主张对人们

出山归隐两笔收，绝世文章幸免囚。十年庙堂诗爱憎，几度江淮遍成休。桃扇巨著歌百代，孤云高风评千秋。而今石门披绵绣，古迹烟霞任几留。

**孔尚任墓**

孔子64代孙孔尚任，字东塘。明末清初戏剧家。一出《桃花扇》震动朝野。墓在孔林东北角，碑刻“奉直大夫户部广东清吏司员外郎东塘先生之墓”。

**【评述】**孔子认为一个人道德高尚，主要表现为正直。如果是花言巧语，说好话不办好事，便是败坏了道德，为人们所不齿。孔子关于蘧伯玉的议论，意思是说一个人应该从大局、长远方面考虑问题，有屈有伸，该忍的要忍。忍为了伸，忍为了日后更大的事业。从这个意义上来讲，有一定的策略意义。孔子在政治斗争中，主张在坚持原则的前提下可以有适当的灵活性，在这一点上对后人还是有启示的。

**子曰：“乡愿，德之贼也！”**

**【译文】**孔子说：“有一种不分是非的老好人，实在是败坏道德的坏人啊！”

**【评述】**孔子主张的仁、德，从来都是有原则的，是有是非好恶标准的，他反对那种不分是非，四处讨好，八面玲珑的人。他认为那种无一定主见，不讲原则，哪里胜往

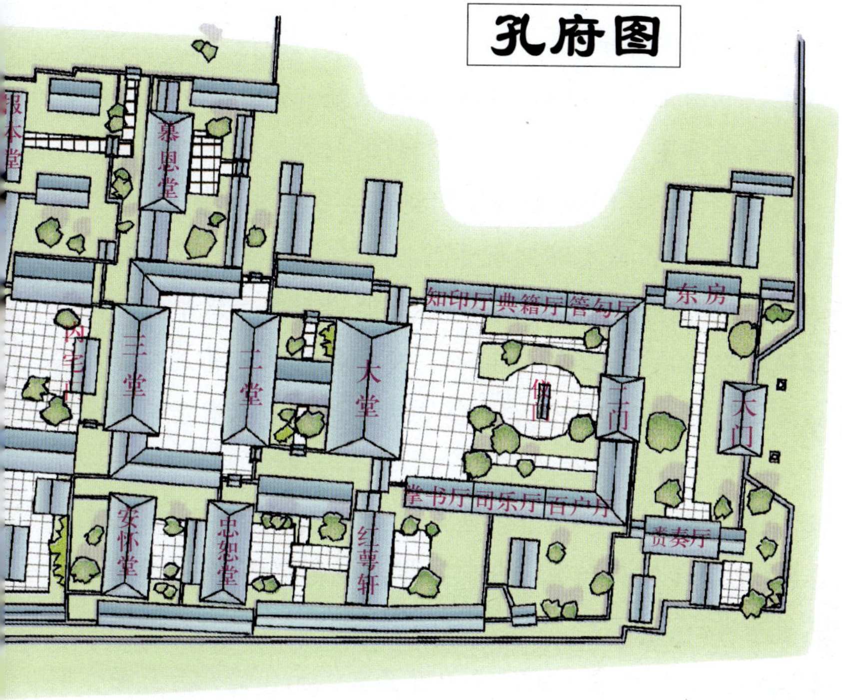


有了过错，既不要奇怪，又不要害怕，只要有决心改（“过则勿惮改”）便可。孔子盛赞“不贰过”的颜回，犯了一次错决不犯第二次，孔子把这样的人当作最高道德标准。如果明明知道错了，却又不改，那便意味着自己固执，刚愎自用。小过改不掉，将会铸成大错。

**子夏曰：“小人之过也必文。”**

**【译文】**子夏说：“一个缺乏道德的小人，对待过失的态度是文过饰非。”

**【评述】**卜商（子夏）对待过失的这种看法，是对孔子论过失的一个补充。子贡认为人犯了过错如“日月之食”，人人都能看得见。孔子认为自己犯了过失如果被人指出来，是“有幸”，因为只有自己知道有过才能改过，只有别人知道你有过，才能监督

## 孔府

衍圣公府俗称孔府。位于曲阜城里，西邻孔庙，是孔子后世嫡孙长支世代居住的地方。

自秦汉专制主义中央集权的封建国家建立以来，历代皇帝基于自己统治的需要，在对孔子一再加封的同时，对其后代也一再封赐。汉高祖十二年(公元前195年)刘邦至鲁地后，封孔子9世孙孔腾为“奉祀君”。汉元帝将孔子的13世孙孔霸封为“关内侯”，赐食邑800户，黄金200斤，宅一区，并世袭封鲁。汉平帝时，将孔子16代孙孔均的食邑增为2000户。历经魏晋南北朝到初唐，又有“宗圣侯”、“奉圣亭侯”、“崇圣大夫”等封号。唐玄宗开元二十七年(公元739年)追谥孔子为“文宣王”时，将其35代孙孔璲之晋升为“文宣公”，宣布“圣人之后，不予庸调”。宋仁宗至和二年(公元1055年)，将其46代孙孔宗愿改称“衍圣公”，一直延续了八九百年之久。

衍圣公的爵位在五代时相当于五品官，元代提升为三品，明初是一品文官，丞相制废除后，“班列文官之首”，清代班列阁臣

你改过。改了过，便能提高一步。认识错误是改正错误的前提或先决条件。这种主张正是一个有道德人的主张。相反，无德的小人，生怕人家知道自己的过失，千方百计予以掩饰、遮盖。明明自己犯了错，却冒充好人，这说明对自己的过错没有起码的认识，便不能改过。不能改过的人，便是无德的小人。

**子贡曰：“君子之过也，如日月之食焉：过也，人皆见之；更也，人皆仰之。”**

**【译文】** 子贡说：“一个君子的过失，好像天上的日蚀月蚀一样：有了过错，人们一眼便看出来；如果改了过错，人们也都看得很清楚。”

**【评述】** 你有了过错别人知道，你改了过错别人也知道，一切公之于众，让更多的人评论并监督你，这才是一种正确的态度。而能具备这种正确态度的人，要有较高的道

之上。朝廷多次颁赐祭田，给予免杂泛差徭等特权。民国初年，袁世凯下令“所有衍圣公暨配祀圣贤后裔，膺受前代荣典，均仍其旧”。1935年国民政府将孔子77代孙孔德成封为“大成至圣先师奉祀官”，以特任官待遇。

唐朝以前，孔子的嫡系长支为奉祀孔子，多住在阙里故宅，称“袭封宅”，后来晋升为公爵，才有了较大的府第。其府第建于宋宝元年间(公元1038—1040年)，明初朱元璋下诏令衍圣公有权设置官属的同时，又特命在阙里故宅以东重建府第。明弘治年间孔庙发生火灾，波及孔府后，重新改建。明中期“移城卫庙”后，又“改建衍圣公府于庙东”。清光绪九年(公元1883年)因火灾，又在原有基础上进行了一次较大规模的重修。

衍圣公府是封建官衙和贵族住宅相结合的一组建筑群。占地7万平方米(如加上后面的东场、西仓，面积还要加倍)，有460多间厅堂楼阁，以及一些门坊、花园等。府内建筑分中路、东路、西路三部分。现每部分均按清末民初形式复原陈列。

德修养。子贡在这里树立了一个“君子”的榜样，明确告诉人们：不怕公开错误并知道改过者为“君子”。

**子曰：“君子无所争，必也射乎？揖让而升，下而饮。其争也君子。”**

**【译文】**孔子说：“一个君子，不应该用力斗气地争吵。如果说有争的必要，那也只能像射箭比赛那样。射以前先相互揖让一番，然后登堂比试。（射完箭后）走下堂来，（按照规定）先行礼（作揖）后饮酒。这种争法是一种很讲礼貌的君子之争。”

**【评述】**孔子这段话主要说明了“君子无所争”的道理。孔子举射箭为例，是通过打比方的方式，进一步说明自己的论点。孔子在这里把“争”喻为争气斗力、一赌输赢。他从来主张谦恭谨慎，以理服人。平心静气地向别人讲明道理，使别人心悦诚服。而

## 鲁壁现书

西汉初年，郡县制与封国制并行，建立鲁国。汉景帝将儿子刘余迁到曲阜，封为鲁王。鲁王为重新建造更大的宫殿，需要将当年孔子家中的房子拆掉。相传当工匠拆到老墙时，天上发出一阵丝竹之声，随之，工匠们从墙内发现了一束束的竹简，慢慢取出，打开一看，原来是一批儒家的经书。上面写的都是蝌蚪文(篆文)。人们习惯把这批新发现的竹简称作“孔壁古文”。

原来这批竹简是100多年前孔鲋藏起来的。

孔鲋，一称孔甲，是孔子的嫡传9世孙。他自幼熟读经书，战国末年是个儒家学派的学者。秦始皇统一六国后不久，为了加强封建专制统治，于公元前213年颁布了“焚书令”，下令把诸子百家（尤其是儒家）的书全部搜来焚毁，不交书的读书人要有杀身之祸。许多读书人深怕罹罪，纷纷把书交出。作为孔子嫡传裔孙的孔鲋，拥有很多儒家古籍，因此这件事对他震动更大。他一方面知道“书不出则有祸”，一方面又不舍得把那些祖传的心爱书籍拿出来让人家白白烧掉。经过反复考虑，他想出了一个好办

不是依仗强力把人家征服，更不是逞威力让人家屈服。只有这样，人家才真正服从你的政治主张，这才算是得到真正的胜利。孔子所举射箭之例在于说明即使是射箭之争，也不像一般人想象的只知争斗，也要按照一定的礼节进行。

**子曰：“居上不宽，为礼不敬，临丧不哀，吾何以观之哉？”**

**【译文】**孔子说：“有的人身居高位对人不宽厚，行礼的时候不恭敬、不认真，遇到丧事的时候，没有哀痛的意思。(这种人简直是失去了人的本性)，叫我如何能看得下去呢？”

**【评述】**孔子的这番言论，是对那些不谦恭谨慎者的严厉批评。一个人在为人处事上不谦恭谨慎，便充分体现出他轻狂自大，不守规矩，缺乏起码的道德观念。对此，孔

法，他将一部分《尚书》、《论语》、《礼记》、《孝经》等密藏到自己家中的夹壁墙里，然后离家西行到嵩山去传业授徒。

公元前209年，陈胜、吴广大泽乡揭竿而起，很快发展到车六七百乘，骑兵千余，步兵数万人，并一举攻下了陈县，建立了我国历史上第一个农民革命政权——张楚。劳动人民反秦力量及六国贵族的复辟势力都纷纷加入农民起义军，孔鲋也抱着家传祭祀的礼器参加了陈胜领导的农民起义队伍。

孔鲋进入农民革命阵营以后，提出让六国贵族继续分头为王的建议。陈胜说："六国之后，吾不能封也。"拒绝了他的建议。孔鲋在农民军中只呆了60天，便因目疾离开了起义军。

孔鲋参加陈胜领导的起义军，实际上起的作用不大，但他当年在鲁壁中所藏的古书，却在其意想之外，发挥了大的作用。西汉初年，朝廷对儒家学说专设官职进行传授，却到处找不到当年的古籍，只好请一位90多岁的济南老人伏生凭着记忆背诵，再由他的孙女听后写下来，为今文经。而从鲁壁中发现的这批书籍，时间较早，内容比伏生口传的要正确，便被称作古文经。

子表示很看不下去。谦恭谨慎是一个人的美德，在不同的条件下，应有不同的表示。身居高位者，如果不宽，便是苛。酷吏与暴君不但害民，早晚也会引起人民的反抗，被人民推翻。因此谦恭谨慎是修身之法，处世之道，当然也是治民之道。孔子鞭挞那些不宽、不敬、不哀的人，正是对谦恭谨慎的提倡。

**子温而厉，威而不猛，恭而安。**

**【译文】**孔子此人既温和又严厉，有威仪而不凶猛，庄严、恭敬而又安详。

**【评述】**这是孔子弟子对他仪态的描述。人们读到孔子弟子形容他的语言时，很自然地便想到一位温和可亲、态度安详、具有一定气魄而又谦恭谨慎的老者。一个人的活动受其思想的支配，孔子这样的仪态正是他具有谦虚谨慎的品质的具体体现。历代传

今古文之争一直持续了2000多年，我们不必细究，但鲁壁发现的这批古籍却与今文经有所不同（如《古文尚书》比《今文尚书》多出16篇），这批古籍丰富了祖国文化遗产的内容。清帝弘历于乾隆二十一年到曲阜时，曾以赞颂的口气为之赋诗：

故井前头绰楔碑，
传闻鲁壁响金丝。
经天纬地存千古，
岂系恭王坏宅时。

说他周身“四十九表”，头部有“七陋”，是对他神化的形容，不足为信。

**子曰：“君子泰而不骄，小人骄而不泰。”**

**【译文】**孔子说：“君子（循理守分，只见他）容貌安舒，从来不见他行为傲慢。小人（则私欲存心，只见他）一味傲慢，却不见他安详舒泰。”

**【评述】**孔子把“泰”与“骄”当作识别“君子”、“小人”的标准，可见对“泰”与“骄”的重视。“泰”与“骄”的重要区别在于一个人是不是谦虚谨慎。能做到谦虚谨慎者为君子，否则便是小人。此句正与“君子无众寡，无小大，无敢慢，斯不亦泰而不骄乎”句相呼应。一个君子为了达到仁德，应该不管人多人少，也不管势大势小，不管别人尊重他还是怠慢他，都应该安详对待，而不应骄慢待人。

## 孔融让梨

孔庙东庑的历代碑刻中，有一幢《泰山都尉孔君之碑》，是孔子19代孙孔宙的门生故吏为他立的碑。此碑以汉隶书写，字迹规整，一丝不苟，文字谨严超雅，在中国古代书法艺术史上是一难得的珍品。孔宙以此出名，他的儿子孔融，在东汉末及三国时期更是一个著名的人物。

据《融家传》记载，孔融兄弟七人，融排行第六。此人从小便很聪明懂事。在他年龄刚满4岁，与几个兄长一起吃梨时，总是拣最小的吃。偶尔一两次，别人并没在意，后来每次吃梨，孔融总是吃最小的，这一举动渐渐引起了大家的注意，有人问他"你为什么非要吃小的呢？"小孔融怯生生地回答："因为我最小，我就应该吃小的。"4岁孩子的这一举动，使人感到惊奇，家里人及族人都交口称赞他是个好孩子。

孔融10岁的时候，曾随父亲到京师洛阳小住。当时的河南尹李膺廉明清正、品德高尚，对于朝内专权的宦官十分鄙视。他为了清简持重，在家闭门谢客。孔融对李膺的为人十分敬仰，很想

**子曰："道听而途说，德之弃也。"**

**【译文】**孔子说："（那种）在路上听到一些言语便四处散布的人，是应该革除的一种坏作风。"

**【评述】**孔子从来主张循规蹈矩，光明正大，反对道听途说，因为那是一种很不负责的态度。不负责任的乱说乱传，会造成不应该有的损失，贻害无穷，是最不道德的事，是特别应该加以反对的。

见见这位品德高超的人。于是到了李膺的府门口，对守门人说：“我不是外人，和你家老爷是世代交往的老朋友。”守门人入内报告，李膺令人请孔融进去。一看，原来是个10岁上下的小孩子，李膺心中又生气又纳闷地问：

“你的祖先和我们有什么交情呢？”

孔融不慌不忙地回答：“当然有啊！我的祖先孔子和你的祖先老子几百年前同是社会上有道德的人。我的祖先还专门到洛阳拜望过你的祖先，难道不是通家之好吗？”

李膺听后心中大悦，别人听后都感到十分惊奇。大家纷纷议论这个孩子聪明，将来会很有出息。有一个名叫陈炜的大夫，晚来了一步，大家告诉他关于孔融的事，他不以为然地说：“一个人小时候聪明，大了却未必聪明啊！”孔融听后，不甘示弱地回答他：“听先生之言，你小的时候一定是个很聪明的孩子。”李膺听后哈哈大笑，说：“你啊！将来一定能干出一番大事业来。”

孔融16岁时，因藏匿张俭，遭宦官侯览陷害，与其兄、母一门争死事，更加为人所称道。

**曾子曰：“吾日三省吾身：为人谋而不忠乎？与朋友交而不信乎？传不习乎？”**

**【译文】**曾子说：“我每天多次反省自己：（在这一天中）我在替别人办事时是否尽心竭力了呢？我与朋友相交时是否不守信用了呢？老师向我传授的知识，我认真复习了吗？”

**【评述】**曾子“吾日三省吾身”是孔门弟子自知自省的著名事例。孔子从来认为除早死的弟子颜回以外，曾参是诸弟子中德行最高的一人，谦恭谨慎是他突出的特点。他经常认真地反省自己，回顾自己一天中公事私事、为人处世中的缺点，找到不足之处，以求改进。一个人要想进步，就要找到自己的不足之处，即具有自知之明。要有自知

孔融曾任过虎贲中郎将及北海相等职，后人因此又称他“孔北海”。他是汉末著名的文学家“建安七子”之一。其诗文甚多，尤以散文见长，魏文帝曹丕曾把他与西汉词赋大家杨雄和东汉史学家班固并列，可见其在当时人们心目中地位之高。

孔融让梨

之明，首先要认真地解剖自己。曾子的做法，正体现出孔子的思想。

**子曰：“不患无位，患所以立。不患莫己知，求为可知也。”**

**【译文】**孔子说：“不愁没有职位，应该愁没有任职的本领。不要愁别人不知道自己，努力学习，加强修养，去求得能使别人知道自己的更多本领好了。”

**【评述】**一个愿意入世的人，经常愁自己地位低、职位差，千方百计施展本领去谋高官厚禄，在追求功名利禄上下功夫。孔子不同意这种做法。他认为关键在于自己要认真学习，增长才干，具备任职的本领。要想叫别人知道自己，自己四处炫耀无用，正确的办法应该多学习、快提高。一个人一旦有了本领，自然会受到别人的欣赏，得到任用。孔子把成功的关键由“求诸人”变为“求诸己”，从了解自己出发，培养自己，

## 一门争死

孔庙东庑汉魏碑群中，有一幢《豫州从事孔君之碑》，俗称《孔褒碑》，记载了孔褒一家为维护好友一门争死的故事。

孔褒，字文礼，泰山都尉孔宙的儿子、孔融的兄长，是东汉末年一个有气节的儒生。当时朝内宦官专权，许多人都仇视与鄙夷把持朝政的宦官。山阳人张俭，曾多次向皇帝上疏，历述中常侍（宦官）侯览的罪行。侯览对张俭恨之入骨，便诬称他是当时朝廷明令捉拿的东林党人，发布命令到各州郡捉拿。张俭到处躲藏，后来逃到好友孔褒的家。正巧当时孔褒不在家，他16岁的弟弟孔融接待了张俭。张俭见孔褒不在，是留下还是马上走举棋不定，脸上现出难色。孔融对他说："我兄长不在家，难道我就不能作主把您留下吗？"于是很热情地留下了张俭。孔褒回来后，更对好友热情招待，于是张俭便在孔褒家住了下来。

不久，张俭藏于孔褒家的消息，很快传了出去。侯览使用很机密、诡诈的方式到孔家捉人。但是人们都同情并支持张俭，张俭还是脱险逃走了。侯览遂下令将孔褒及孔融一起捉进狱中，声

锻炼自己，使自己成为有用之才，这正是建立在自知基础之上的。

**太宰问于子贡曰："夫子圣者与，何其多能也？"子贡曰："固天纵之将圣，又多能也。"**

**子闻之，曰："太宰知我乎！吾少也贱，故多能鄙事，君子多乎哉？不多也。"**

**【译文】**（主持国家政事的）太宰问子贡："孔夫子是位圣人吗？他为什么多才多艺呢？"子贡回答说："这本是上天叫他降下来当圣人的，又使他多才多艺。"（这件事叫孔子听到了，他）对别人说："太宰应该了解我啊。我小的时候家境很贫困，所以学会了不少（一般贵族所不屑去干的）低贱的事。但是作为一个君子来说，具备一些技艺，难道是多吗？不多啊！"

称要把窝藏张俭的主犯正法。孔融说："张俭是我留下的，我应坐罪。"孔褒更赶上前去说："张俭是我的朋友。他到我家来是求我。小弟不过替我留下客人，不是他的罪，我应坐罪。"审理的官员束手无策，便问他们的母亲，谁应负主要责任，应将谁正法？孔母面对着诡佞的官员，满脸怒火，一腔义愤，自己也把生死置之度外，果断地说："如果说这是犯法的话，我是当家人，还是拿我治罪吧。" 一家三口人争着去死，郡县的官吏们也不能决定，只好上报侯览。后来狠毒阴险的侯览左右着皇帝下了诏书，将孔褒杀死。

孔褒死于无辜，他为朋友舍生的行为很为后世所称道。后来有人发现了他的铜印和记述他生平的石碑，曾写诗赞颂他：

张俭亡命谁投止，鲁国孔褒堪依恃。
事觉捕俭褒亦收，一门老幼力争死。
死者千年骨已灭，私印犹存肝胆血。
友朋一诺重千金，何烦印信合符节。
石碑出土成臼科，独留名字终不磨……

**【评述】**这是别人极力称赞孔子的一段话。从孔子的回答中，看出他的自知精神。人家说他是"圣人"，他未予否认，而是采取了回避的态度，却对"多能"的问题给予了回答。他首先找到"多能"的根源，毫不掩饰地说出自己从小"贱"，（当然这里并非指他自己是下层劳动人民，而是指他自己是未做官的、无爵禄的、无特殊身份的贵族），所以能干一点贵族们不屑于干的鄙事（如任乘田、委吏等）。这句话也体现出他干些"鄙事"乃是为生活所迫，客观条件使他非干不可，并不是自己主动地去学这些技艺。另外，孔子还说出了对这些"鄙事"的看法。他不认为这些事是下等人做的事，不认为是一个"君子"不应干的事，而是认为艺多不压身，本领多总比本领少要好。他认为要想在社会上做出一番事业来，就应具备广泛的知识及各种本领。在这段话中，

## 阁老冷凳

孔府大堂与二堂相连，其间有一宽敞通道，通道两旁放置两个敦实的红漆长凳，人们叫做“阁老凳”，具体地说这是当年严阁老曾经坐过的冷板凳。

严阁老就是严嵩，是明代中期有名的大奸臣。他原来是翰林院里的一个小官，因惯于阿谀奉承，逐渐巴结上明世宗皇帝，得以步步高升。嘉靖二十一年（公元1542年）他以礼部尚书兼武英殿大学士入阁参预机务，开始掌握大权。两年后又升为首辅，先后掌握朝内大权达20年之久。

严嵩此人除了擅长献媚讨好以外，并无其他真才实学。他窃权弄奸的条件有二：一是明世宗的昏聩，二是有个奸滑机灵的儿子严世藩。严嵩父子依仗权势，招财纳贿，鱼肉百姓，陷害忠良，朝内外很多人对他恨之入骨。后来他渐渐失去世宗的欢心，又与当时世宗宠信的方士兰道长有矛盾，这样，严嵩的日子就难过了。一次，兰道长利用扶乩的机会，以仙人的身份说严嵩父子是奸臣，御史邹应龙也上疏揭发严嵩父子的罪行，于是世宗便要对严嵩治

论语

孔子把自己评价为具有多种本领，并以此为荣的一个读书人。

**子曰：“人无远虑，必有近忧。”**

**【译文】**孔子说：“一个人如果没有长远的考虑，那就会有眼前的忧患。”

**【评述】**此句短短的八个字，却说出了一番道理。孔子认为，一个人活在世上，既然接触到一些事物，就会有自己的看法、自己的主张，既然一天天的生活下去，就要对明天干些什么有所考虑，就要有一定的理想与抱负。那种浑浑噩噩混日月的人，不考虑今后、不关心明天，似乎很轻松愉快，但却并不一定舒服。因为一个人生活在社会中，不管他关心不关心社会，社会都会影响到他。一个胸无大志、目光短浅、无正确精神支柱的人，遇到些不如意的事便会十分忧虑，这是很正常的。孔子用短短数语，

罪。

严嵩的孙女嫁到孔府，是64代衍圣公孔尚贤的夫人。严嵩与孔府常来常往的目的，是要通过与“圣人家”的交往，冒充斯文，欺世盗名。当年孔府则借助他的权势，扩充力量，进一步得到皇帝的任用。因而双方联系相当密切。

严嵩坐罪后，马上来到孔府，请求衍圣公出面，在皇帝面前给他说情免罪。但他这次落魄来府后，衍圣公根本不想与他见面，更不愿因为维护这样一个岳祖父，而影响孔府与皇帝之间的关系。严嵩在大堂、二堂间通道的冷板凳上坐了好久，一无所获，只好垂头丧气地走了。不久，明世宗罢了严嵩的官，并处死了严世藩。

面对着阁老凳，一般人都说它能显示孔府主人不与权奸同流合污，其实它主要说明孔府与朝中大臣的关系显然没有比与皇帝之间的关系密切。孔尚贤对其岳祖父严嵩的冷淡态度又一次解开了孔府能“与国咸休”、“同天并老”的疑团。

说出了一个深刻的道理，即要人自知、自识，不可鬼混日月。

**子曰：“躬自厚而薄责于人，则远怨矣。”**

**【译文】**孔子说：“多责备些自己，少责备些别人吧。那么别人自然就不怨恨您了。”

**【评述】**不是有人整天为别人怨恨自己而发愁吗？原因在哪里呢？孔子的回答很简单，那便是他对己宽、对人严，自己不能以身作则，却对别人要求过苛，别人当然会不服气、有怨言了。一个人，如果对自己要求严格、多加责备，对别人却不苛求，别人做错了事多原谅、少指责，人家便会尊重他，佩服他，怨恨当然就不多了。

**子曰：“君子疾没世而名不称焉。”**

**【译文】**孔子说：“一个君子引以为憾的是死了以后不被人们称赞。”

**两宋之交孔裔南迁路线图**

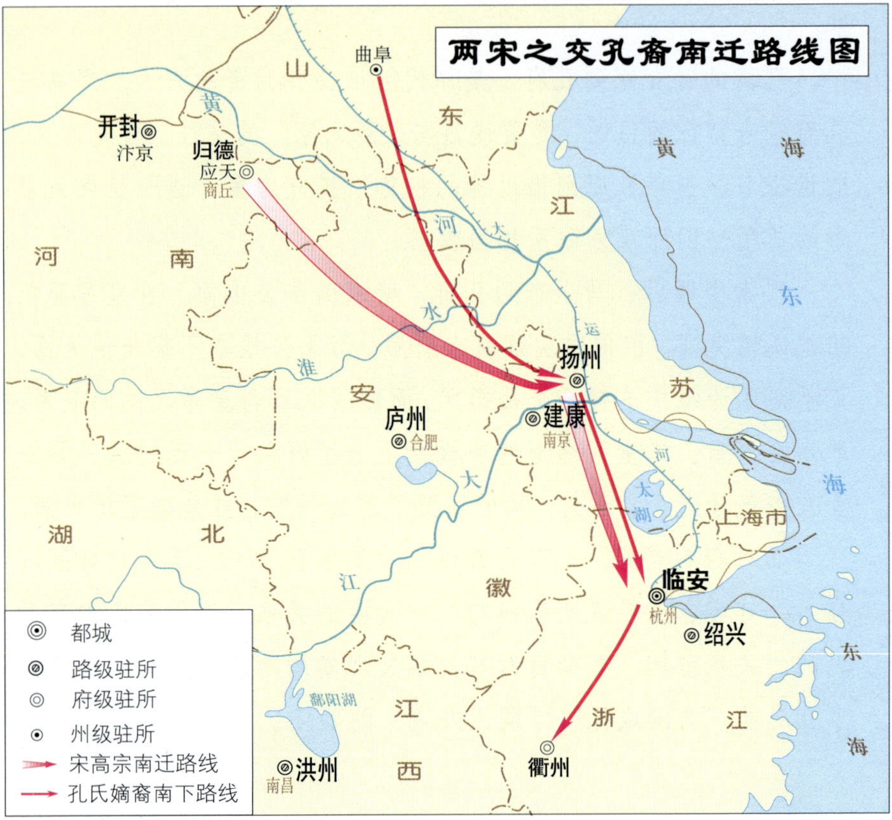


**【评述】**孔子心目中的“君子”，必是立言、立德、立行的人。一个人做了好事，必定会受到人们的称赞。这倒不一定称赞某个人，而是称赞这种德行。如果人死了以后，得不到人家一定的称赞，就说明他们德行并不实在，还未到“君子”的水平。这样就很遗憾了，自己做的事不那么好，以致于人家不称赞，难免抱恨终生。孔子这句话也隐含着对自己的认识问题：一个人若真是个君子，人家定会称赞他；如果他自以为是个“君子”，实际上不够，人家便不会称赞他。那他应该承认事实，不应抱怨，而是要加强修养！

**子曰：“不患人之不己知，患其不能也。”**

**【译文】**孔子说：“不要愁别人不知道自己，（首先应该）愁自己的本事不大。”

## 端友南渡

在多种《孔氏家谱》中，都记有南北宗之分的事，这是指北宋末年孔子嫡裔南下的故事而言。在宋人孔传撰写的《东家杂记》中写着：

“宣和末，女真始入寇。靖康丙午，群盗起。家所蓄藏，荡然云散。建炎戊申十月，端朝不得已去陵庙南奔。”

这里记载下七八百年前孔子嫡裔由曲阜南下的原因和情况。当时宋金连年作战，北方各地人民纷纷掀起了反抗金兵入侵和反对北宋统治者屈辱投降主张的斗争。早在北宋灭亡前的一段时间里，国内的阶级矛盾已发展到相当严重的程度。当时“人不堪命，皆去而为盗”，山东、河北一带人民起义，“数万成群”。靖康元年（公元1126年）山东更是“群盗起”，“河东巨寇王善、杨进、丁进等众各数十万”。这些自发抗击统治者对人民压迫的义军队伍，人们通称“忠义军”。

忠义军在抗金的同时，到曲阜一带进行过一些活动，他们冲进阙里孔庙和袭封宅（孔府）搜罗财物，致使其“家所蓄藏，荡

**【评述】**孔子这句话说出了一个人不能干大事业的关键：不是别人不了解他，乃是因为他自己本领不够大。解决的办法，便是自己努力学习本领、研讨学问。一旦本领在身，便不愁无人赏识。这番言论是对那种无自知之明者的当头一棒。有的人无自知之明，自己本领不大，又不认识自己，却整日怨天尤人，埋怨别人对自己不重用、不尊敬。说来说去，一切错误全归别人，自己并不负责。这是种极其错误的态度。孔子这两句话就是对这种人发出警告、敲起警钟，要他们有自知之明。

**子曰：“视其所以，观其所由，察其所安，人焉廋哉？人焉廋哉？”**

**【译文】**孔子说：“（当你分辨一个人好不好，或者观察了解一个人要与他交朋友时，必须要）先考察一下他结交的什么朋友，再观察他为了达到一定的目的所采用的方式、

然云散”，令47代衍圣公孔端友感到日夜不安。在义军和金兵的轮番骚扰中又过了两年，孔端友觉得在曲阜再也呆不下去了，就以“赴扬州陪郊祀”为名，匆忙南奔了。其弟孔端朝也“不得已去陵庙南奔”了。

孔拟为《东家杂记》写的《后序》中也提到：“孔氏子孙聚居祖庙，凡二千年，无异居他州者。”自经“建炎兵火”以来，孔端友等“挈家随驾南渡”。南渡孔裔系随皇帝而行，于是当他们在浙江衢州定居下来以后，南宋皇帝便不断赐给孔家田产，继续扶植。很明显，南宋朝廷树圣裔，自然也是为了树自己的正统统治。

北方的统治者呢？伪齐刘豫政权为了借重孔府名望，让端友弟端操子孔璠为衍圣公，孔璠之子孔拯、孔拯之子孔元措相继袭封衍圣公，这便是孔氏北宗。在南方，孔端友无子，以其弟端操的幼子孔玠为嗣，端友死后，孔玠被南宋统治者封为衍圣公。蒙古族灭亡南宋后，元朝统一全国，只应有一个衍圣公。于是南宗衍圣公孔洙自动让位，元世祖称赞他“宁违荣而不违亲，真圣

方法，再了解他的心情安于什么，不安于什么。（这样一来）他还能隐藏什么呢？他还能隐藏什么呢？”

**【评述】**孔子认为，为了解一个人，不要指望别人的简单介绍，也不要全凭自己一时的印象。为了对一个人进行深刻的了解，就要采取各种方式，考察一下他是结交些正人君子，还是结交些狐朋狗友。观察他为了达到一定的目的是采取正当的手段，还是不择手段地胡来。再认真了解一下他是安贫乐道呢？还是经常为自己所居地位不高而不安呢？通过这几方面内容的了解，便可观察到一个人的内心世界。这样一来，一个人如果有什么假相，便可被揭穿，他什么都隐藏不了。这样便可以了解这个人了。由此可见孔子看一个人是主张全面了解的。

人后也”，免去他的衍圣公称号，改为国子监祭酒，把衍圣公的爵位给了北宗的孔元措。其实，北宗之位，系由政治原因确定的，并不是孔洙有意让位，他想争也争不过，还是元朝皇帝说了算。元朝统治者立北宗为正宗的目的，正是要人们承认他的统治为正统。

**衢州孔庙大成殿**

今浙江衢州市新桥街的衢州孔庙，是孔氏南宗的家庙。建于南宋初年。

**曾子曰：“君子以文会友，以友辅仁。”**

**【译文】**曾子说：“有德的君子，往往用文章学问来结交朋友，（与朋友文字相交关系密切后）再用朋友来辅助自己的仁德。”

**【评述】**这段话说出了曾子交友的方式和目的。一些品质低劣的人，多是交些酒肉朋友，他们交往时不谈正事，格调不高。君子们在相互谈论文章道德时，共同帮助，切磋琢磨，自然就陶冶了自己的性情，培养了自己的品质。这句话体现曾子交朋友是为了提高自己的道德水平。也告诉人们要善于认识人，用正当的方式交上好朋友，才有益于自己道德水平的提高。

# 阙里孔庙图

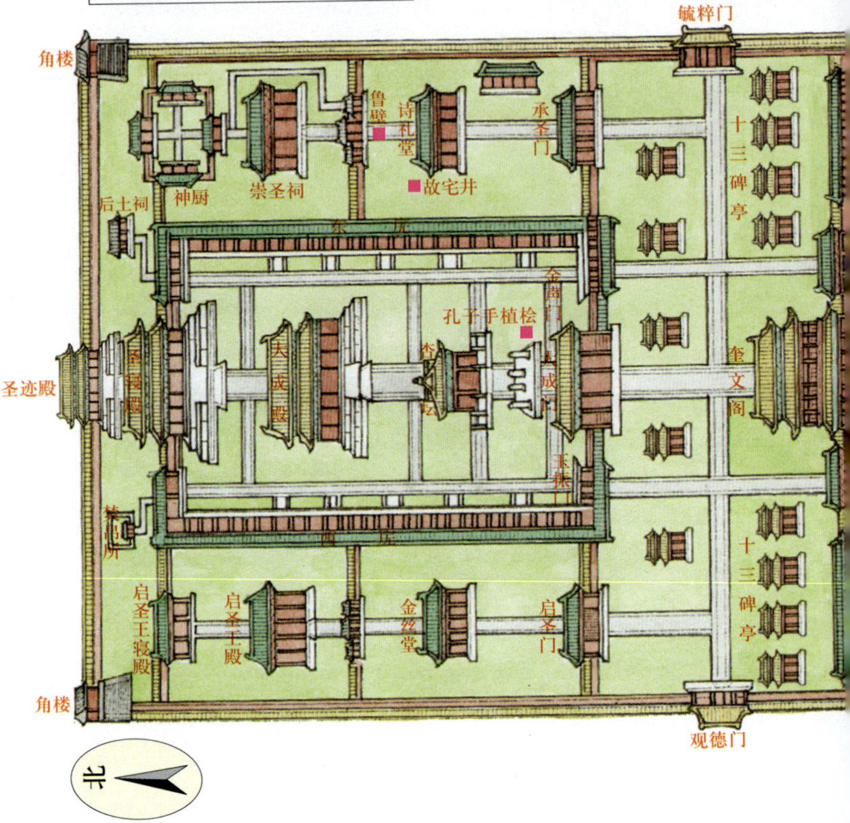


**子曰：“君子易事而难说也。说之不以道，不说也；及其使人也，器之。小人难事而易说也。说之虽不以道，说也；及其使人也，求备焉。”**

**【译文】**孔子说：“一个人在‘君子’手下干事比较容易，但是你要讨他的喜欢却很难。(因为“君子”无私正直，要求做事情要符合道德，效率又要高）用不正当的方式讨他喜欢，他是不会欢喜的。可是一旦他使用起人来，却能了解你、尊重你，能做到量才适用。相反要在小人手下干事是比较难的，但是你要讨他喜欢却比较容易。(因为小人心怀奸诈，他所想的是怎么对自己有利而不顾大局)，因此，不管你用什么样的手段办事，只要对他有些好处，他就会喜欢你。但他一旦使用起人来，却是百般挑剔和求全责备。”

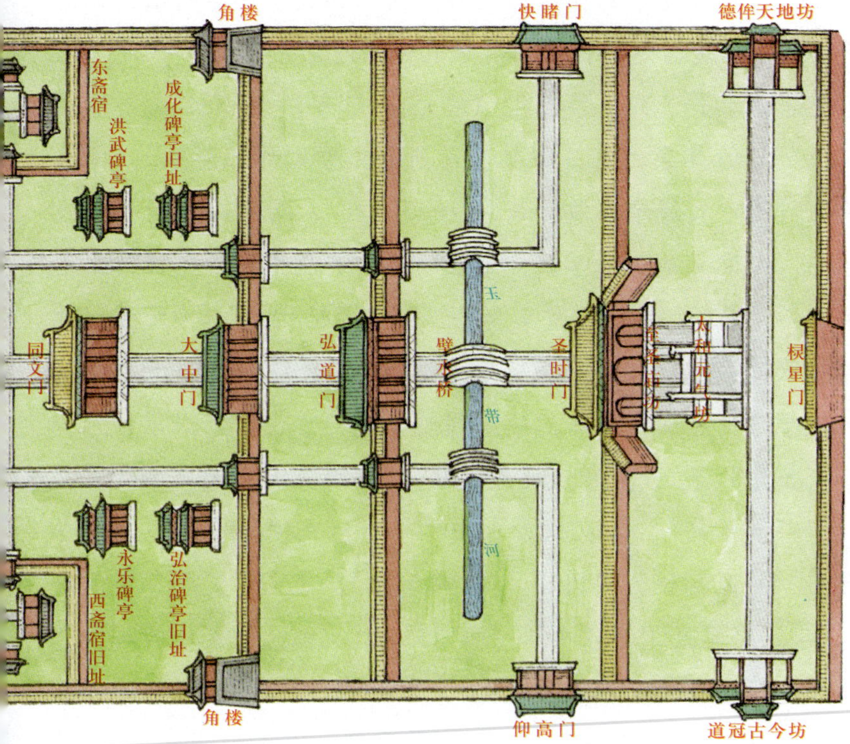


**【评述】**孔子这段话，通过一个人做事的例子，把道德水平高尚者（君子）与道德水平低下者（小人）作了深刻的具体的分析与对比。他明确告诉人们，在统治阶级中有一种品质恶劣的人，他们对事对人的要求和君子迥然相异。孔子在长期政治活动中，对许多人有了深刻的认识，而能分出“君子”、“小人”两种人，并具体指出他们的一些特点。一个人生在社会上，只要接触各种各样的人，一定要对他们进行辨识，才能正确对待他们。这些人不但包括自己的朋友，还有自己的下级和上级。孔子这番议论也是他分析人、认识人的经验之谈。

**子曰：“不逆诈，不亿不信，抑亦先觉者，是贤乎！”**

**【译文】**孔子说：“不要预先怀疑到别人会对自己进行欺诈，不要预先毫无根据地怀

## 孔庙

位于曲阜市内中部偏西的孔庙，因东邻孔子故居阙里，因而称阙里孔庙，这里是历代统治者尊孔崇儒的主要场所。

孔庙建于孔子死后第二年（公元前478年）。鲁哀公为了表示对“尼父”的尊崇之意，将其生前所居之堂辟作“寿堂”，内藏孔子生前的“衣冠琴车书”等，“岁时奉祀”。当时规模较小。战国时期，儒家只是一个学派，地位不高，孔庙也不大。汉高祖十二年（公元前195年）“帝幸阙里，以太牢祀孔子”，为帝王祀孔之始。汉武帝时“罢黜百家，独尊儒术”，又经东汉白虎观会议后，儒学广受尊崇，孔庙的修建便越来越受重视。东汉章帝元和二年（公元85年），皇帝东巡到阙里，“赐褒成侯孔损及诸孔男女帛，留祭器于庙”。东汉桓帝永兴元年（公元153年），皇帝下令修孔庙，并派孔和为守庙官，“立碑于庙”。魏文帝黄初二年（公元221年）曹丕又下诏在鲁郡“修孔子庙”。但此时孔庙的规模并不甚大。西晋末年“阙里荒毁”。东魏孝静帝兴和元年（公元539年）修孔庙时，曾“修建孔子及十子容像，立碑于庙庭”，为孔

疑人家必定要欺骗自己。（如果真要有欺诈和不讲信用的事情，能够事先知道的话）这才真正是一位贤者啊！”

**【评述】**一个人心地光明磊落，不怕别人加害自己，一个人不以己利干扰人家的利益，不怕别人欺负和报复，这是一个君子应该做到的。小人们利令智昏，即使对于并未影响他利益的君子，也一样要加害。如果能够预料到这一点的话，那么更是一个君子。孔子这是从另外一个角度谈他对人的认识。俗话说：“害人之心不可有，防人之心不可无。”一个人既不要过分怀疑别人加害自己，也不要对别人加害自己失去警惕。这是孔子所要求的，也是他心目中“君子”的另一种表现。

庙有塑像之始。唐初除下诏在国都的国子监修建“周公、孔子庙各一所”外，又下令“州、县皆立孔庙”。唐代修庙5次，北宋修庙7次，最大的一次是宋真宗天禧二年（公元1018年），“大扩圣庙旧制……凡增广殿庭廊庑三百十六间”。金时修了4次，元时修了6次。明时共重修、重建21次之多，最大的一次扩建是明孝宗弘治十二年（公元1499年）。当时孔庙被雷火击中，大成殿等主要建筑120余楹“化为灰烬”，明帝急忙下令重修。历时5年，耗银15.2万余两，扩大出占孔庙面积约一半的前三个院落。到了清朝，孔庙又修建了14次，最大的一次是雍正二年（1724年），此前孔庙毁于雷火。清雍正帝除到太庙祭孔外，又“发比帑金命大臣等督工建修。凡殿庑制度规模，以至祭器仪物，皆令绘图呈览”，皇帝“亲为诣授”。为加快工程进度，还调集了12个府、州、县令督修。先后用了6年的时间，修成了“巍峨崇闳、坚致壮丽、纤悉完备、焕然一新”的历史上规模最大的孔庙。

现存的孔庙，是我国三大古代建筑群之一，总面积达13万平方米，南北长约1000多米。前后九进院落，贯穿在一条南北中轴

**子曰：“可与言而不与之言，失人；不可与言而与之言，失言。知者不失人，亦不失言。”**

**【译文】**孔子说：“可以同一个人交谈，但你却不与他谈，那是错过了获得人才的机会。不可以同一个人说，你却同他说，那就是说了多余的话。（一个）聪明的人既不可失去得到人才的机会，也不要多说些不该说的话。”

**子曰：“君子不以言举人，不以人废言。”**

**【译文】**孔子说：“仁德的君子，不因为一个人说了几句好话（或者好听的话），便把他破格提拔起来，也不因为某些人地位卑下，或犯了错误的人，而轻易把他们正确的言论加以否定。”

线上，左右基本为对称式排列，包括五殿（大成殿、寝殿、圣迹殿、启圣王殿、启圣王寝殿）、一阁（奎文阁）、一坛（杏坛）、一祠（崇圣祠）、两堂（诗礼堂、金丝堂）、两斋宿所、十五亭（奎文阁前两座明碑亭、奎文阁后十三座碑亭）、五十四座门坊（棂星门、太和元气坊等）、两千多块碑碣。

明朝嘉靖年间修的曲阜城南门，正处于孔庙之前。金声玉振坊后的棂星门是孔庙的第一道大门。门由四根华表支撑，上方有四员顶盔冠甲、姿态不同的天将，显示出孔庙的特殊威严。此后由圣时门、弘道门、大中门隔成九个院落。旁有德侔天地、道冠古今、快睹、仰高等门坊及壁水桥、玉带河等。同文门后的奎文阁是国内稀有的古式木结构建筑。阁高27.9米，黄瓦，三重檐、九脊顶、四层斗拱，为明代遗物。清初山东郯城大地震波及曲阜一带时，曲阜的房屋虽“十毁其九”，但奎文阁却屹立无恙，足见其建筑水平之高。阁后十三碑亭内分置唐、宋、元、清等朝汉、满、蒙文碑刻。

群碑荟萃的十三碑亭之北为孔庙后部。东为承圣门，门内有

**【评述】** 孔子在这两句话里，把“言”与“人”分开。坏人往往说些甜言蜜语，有人便上当，或提拔起来作为心腹，这是不对的。有的人暂时不得意，也不应把他的正确言论任意废除，能做到这一点是不容易的。历代当权者被那种能说会道的佞臣欺骗者不在少数。孔子说这话正是为当权者敲起警钟。这里也体现了孔子的识人标准。

**子曰：“道不同，不相为谋。”**

**【译文】** 孔子说：“持不同主张的人，不能在一起商议事情。”

**【评述】** 孔子所说的“道”是指主张、理想而言。世上的人们有各种不同的主张与理想。主张、理想相同者为同道，同道人聚在一起往往相互研讨怎样实现自己的理想。理想不同者，便无共同的语言。孔子这句话说出了一个实在道理：人与人的区别主要

纪念孔子当年教子学诗学礼的诗礼堂，以及孔子故宅井、鲁壁、崇圣祠等。西为启圣门，内有供奉孔父叔梁纥、孔母颜征在的殿堂及金丝堂等。中为大成门、金声门、玉振门，门内有象征性的孔子手植桧。院内正中一座黄瓦朱栏、十字结脊的亭式建筑名杏坛，为纪念孔子“杏坛讲学”而设。坛后的大成殿是孔庙的主体建筑。此殿原名“文宣王殿”，宋徽宗下诏更名大成殿，并亲书匾额。清雍正时重修此殿，另换雍正帝手书“大成殿”三字，悬于殿之正中二层飞檐上。殿高31.89米，东西宽54米，进深34米，阔九间、深五间，黄瓦鸱吻，重檐飞翘，斗拱交错，雕镂精细，绘画精美。殿之两旁为东西两庑，供奉着对传播儒家思想作出贡献的“先贤、先儒”的木主、画像石。大成殿后有专门为供奉孔子夫人并官氏的寝殿，另有圣迹殿，内有记载孔子一生事迹的120幅《圣迹图》及许多孔子石刻画像。庙的四周围以高墙，配以门坊、角楼，黄瓦红垣；墙里雕梁画栋，碑碣如林，殿阁成群，间以挺拔葱郁的苍松翠柏，悠闲的灰鹤在树顶云端翩翩起舞，给人以肃穆、幽雅而又绚丽多姿之感。这

是理想的区别、主张的区别，有共同语言者越谈越亲密（酒逢知己千杯少）；无共同语言者，谈不拢（话不投机半句多）。

**子曰：“饭疏食饮水，曲肱而枕之，乐亦在其中矣。不义而富且贵，于我如浮云。”**

**【译文】**孔子说：“吃的粗淡饭，喝的清凉水，弯着胳膊当枕头睡觉，（在别人看来，这种日子苦极了），我却认为里面自有快乐。如果用不正当的手段得来名誉、地位和财物，在我看来，如同天上飘来的云彩一样（转瞬既逝）。”

**【评述】**孔子认为即使穷到“疏食饮水”的程度，也要努力施展自己的抱负，贯彻自己的主张，在这个过程中自有快乐，自愿朝着这条路走下去。相反，如用不义的手段

一具有典型东方建筑色彩的古建筑群，面积之宏大，时间之久远，气魄之雄伟，建造之华丽，在国内是罕见的。它是历代统治者尊孔崇儒的中心场所，也是我国古代劳动人民智慧的结晶。

大成殿

得到富贵，那便是一种耻辱，孔子把富贵看得很淡薄。这种服从于政治的苦乐观与富贵观还是很有道理的。

**子曰："奢则不孙，俭则固。与其不孙也，宁固。"**

**【译文】**孔子说："(一个人如果）生活奢华不加节制便不顺理或显得分外骄傲。如果一味俭约，又显得过于鄙陋。如果两者比较的话，我情愿鄙陋些，也不采取那种因奢而骄的态度。"

**【评述】**"奢则不孙"、"俭则固"乃人之常情。孔子在这里不避鄙陋而择节俭，说明他尚俭不尚奢。在他看来，鄙陋些不要紧，并没有越礼，因为越礼是最大的错误。一个人为了生活上豪华些、安逸些而违反大节，越了礼，就太不值得了。这与当时当权的

大成殿前的龙柱

统治者看法不同，应是较好的。

**子曰：“君子博学于文，约之以礼，亦可以弗畔矣夫！”**

**【译文】**：孔子说：“一个有道德的君子，广泛地学习一些文献知识。到了后来，再用礼节来加以约束，(能够这样的话，虽然不能说所做的件件事都符合道理)，也可以不至于离经叛道了。”

**【评述】**：这句话是孔子所说的人们求道的方法。他把“文”与“礼”明显地结合起来。学文，即学习知识，是基础，是学礼的前提。礼则作为一种标准来对人进行约束。前提在“文”，关键在“礼”。尽管人们对孔子主张的“礼”认识不同，但是一切按规矩制度办事、按部就班，还是有其可取之处的。

## 两庑进出

孔庙大成殿前面的东西两侧，排列着绿瓦长廊红柱隔扇多门的80间房子，称作两庑，是后世供奉历代儒家学派中大量“先贤”和“先儒”的地方。这些配享的人物大都是在儒家思想传播与演变中作出过贡献的人。唐时供奉的只有20余人，到了清代，已达123人，民国以来，竟达156人之多（包括“先贤”79人，“先儒”77人）。两庑配享的贤儒原为画像，金时改为塑像，明宪宗成化年间，一律改为木制牌位，分别立在特制的大供桌上。有资格配享的人分为两种类型，高一级的在大成殿与孔子一起配享，次一级的在两庑配享。和儒家最高的人物一起接受后人祭祀，从来被看作天大的荣幸、无尚的光彩。历代确定谁可进入，自然也有很大的讲究。如南宋理学家朱熹，被后世认为对儒家思想的发展作出的贡献最大，便把他尊为“十二哲”之一，和孔子的11个著名弟子一起在大成殿内配享。汉代的董仲舒、郑康成，宋代的程颢、程颐等都是历代公认的贤、儒。他们多年来稳居两庑，接受配享。也有的配享者进进出出，反映出后世儒者对这些人的

**子以四教：文、行、忠、信。**

**【译文】**孔子用四种内容教育弟子：古代的文献、社会生活的实践、对别人和对国事的忠心，与人交往时的信实态度。

**【评述】**在孔子教弟子的四项内容中，包括文献学、社会学和道德教育等多方面的内容。这些都是社会科学的内容，也是一个人在世界上与各方面发生关系、处理各种关系的内容。其排列顺序大致是：在学习古代文献中，接受古代的文化遗产；认清学习的榜样后，照着“忠恕”的标准去实践（为人和从政）；在社会活动中首先要处理好的便是君臣关系和个人与国家的关系，应以忠为标准；然后注意处理好人与人之间的

看法。

北宋著名的改革家王安石，神宗时实行变法，推行新政，在思想上能打破旧俗，提出“天命不足畏，祖宗不足法，人言不足恤”的主张，在当时及后世产生了不小的影响。北宋徽宗崇宁三年（公元1104年）蔡京执政，借恢复新法之名，呈请皇帝，让王安石配享孔庙大成殿内，地位次于颜回、孟轲之下。政和二年（公元1112年）又把王安石的儿子王雱送进孔庙从祀。不久，却遭到一些人的反对，靖康元年（1126年），右谏议大夫杨时上书皇帝，指责王安石学术荒谬，无资格配享圣人，于是皇帝下诏把他赶出大成殿，送进两庑从祀。南宋孝宗淳熙三年（公元1196年）赵粹中等又上书皇帝，要求免去王安石从祀孔庙，遭到变法派的反对，此次只把他儿子王雱配享孔庙的资格去掉。到了宋理宗淳祐元年（公元1241年）皇帝终于又下令将王安石赶出孔庙。这就意味着宋理宗决不变法，南宋王朝更衰弱了。

后世还有一个故事：明洪武二年（公元1369年），皇帝朱元璋读《孟子·离娄篇》，当读到“臣之视君如寇仇”句时，勃然

关系，应以“信”为标准。此四字概括了培养人才的主要内容。

**子曰：“默而识之，学而不厌，诲人不倦，何有于我哉？”**

**【译文】**孔子说：“（见到有道理的事情）默默地记在心里，学习起来从来不感到厌烦，教起别人来从来不感到疲倦。对于这几项，我哪一点能够做到了呢？”

**【评述】**前面三句话是说遇见有道理的事情默默地记在心里；要善于学习，吸取各方面的道理，充实自己的思想，改正自己的错误；一个人具备这样的优点以后，才能做到广泛地向各方面学习，从不厌烦及耐心地教别人。这三点是一个教师必备的优点，也是一个有道德修养的人必有的长处。孔子说这三点自己没有做到，显然是自谦之词。

从教育学的角度说：“默而识之”是强调有意注意，即当一件事情反映到人的大脑

大怒，把龙案一拍说：“这还得了！孟轲提倡臣子对君以寇仇相待，这不是明明鼓动臣子谋反杀君吗？”马上下令将孟子的牌位赶出孔庙，永远不许他在孔庙配享，并且向大臣们说自己主意已决，胆敢前来为之说情者，当场处死。当时朝内文武都想不通，人人为孟子的冤枉而叹息。有一个叫钱唐的刑部尚书，情愿冒生命危险，也要为孟老夫子争辩几句。他“袒胸受箭”，并要人抬着棺材上了金殿，表明自己情愿一死，也要直言谏诤。他说，为孟夫子而死，“死有余荣”。他对皇帝说，“孟夫子说‘君之视臣如草莽’，才‘臣之视君如寇仇’。这话是说君主要爱护大臣，不要把臣子视作草莽，臣子自然不会视君如寇仇了。这不正是要我主这样的有道明君爱护大臣，受臣子们拥护，江山永固的主张吗？”朱元璋听到这一番话，觉得的确有道理，又得知满朝大臣都反对罢免配享之事，所以取消了要把孟子赶出孔庙的主张。这些事例说明，一些人物在孔庙两庑的进进出出，都是与当时政治密切相关的。

以后，应集中注意记下它来，不要习而不察地一掠而过。这样，就能记得牢固了。学无止境，学习时如果满足于一知半解，便会产生厌烦情绪。只有学而“不厌”，才能坚持学习而逐步趋于深入。教人时，总会遇到各种不同类型的学生，有的学生领会起来快，有的人慢；有的人聪敏，有的人迟钝。一个教师往往喜欢聪敏的人，而对迟钝的人则表现为不耐心，有厌倦情绪，从而不愿或放松对他们继续教育，这是教人者的切戒之处，后世多把“学而不厌，诲人不倦”当作座右铭，特别是教师。毛泽东在《中国共产党在民族战争中的地位》中谈到共产党员时说到：“共产党员在民众运动中，应该是民众的朋友，而不是民众的上司；是诲人不倦的教师，而不是官僚主义的政客。”在谈到学习时又说：“学习的敌人是自己的满足。要认真学习一点东西，必须从不自

## 孔子生平大事年表

| 岁数 | 年代 | 记事 |
|---|---|---|
| 1岁 | 公元前551年<br>鲁襄公二十二年 | 孔子生于鲁郰邑昌平乡，其父叔梁纥为鲁之郰邑大夫，母颜征在 |
| 3岁 | 公元前549年<br>鲁襄公二十四年 | 孔子父叔梁纥死，葬于鲁城东防山。不久，母子迁居鲁都阙里 |
| 6岁 | 公元前546年<br>鲁襄公二十七年 | 孔子为儿嬉戏时，尝“陈俎豆，设礼容” |
| 17岁 | 公元前535年<br>鲁昭公七年 | 孔子母死，与其父合葬于防。孔子赴季氏宴，未成 |
| 19岁 | 公元前533年<br>鲁昭公九年 | 孔子娶宋人并官氏为妻 |
| 20岁 | 公元前532年<br>鲁昭公十年 | 孔子任乘田，“牛羊茁壮成长而已矣”。任委吏，“会计当而已矣”。生子，鲁昭公送鲤鱼，取名鲤，字伯鱼 |
| 27岁 | 公元前525年<br>鲁昭公十七年 | 郯子朝鲁，孔子见而学礼。在此前后，学琴于师襄 |
| 30岁 | 公元前522年<br>鲁昭公二十年 | 孔子自谓“三十而立”。从事教育自此时起，收颜路、曾点、仲由等弟子。郑国子产死,孔子誉为“古之遗爱” |
| 34岁 | 公元前518年<br>鲁昭公二十四年 | 孔子收贵族弟子孟懿子、南宫敬叔。赴洛邑，问礼于老聃。观明堂，入厉穆庙，广泛学习 |

满开始，对自己‘学而不厌’，对人家‘诲人不倦’，我们应取这种态度。”可知对这两句话的精神还是可以批判地继承的。

### 子曰：“有教无类。”

**【译文】**孔子说：“(我办教育，对弟子）不分什么贫富、地域（都要收)。”

**【评述】**一般对此句的解释是：不分贫富、不分地域、不分善恶贤愚。有人说孔子主张按照地域来教练奴隶，等等。从孔子一生的教育活动来全面观察，对这句话的理解应该是孔子进行教育时，主张不分贵贱、地域及水平高低，只要愿入学的就收下进行教育。这样便扩大了受教育的人的范围，使更多的人能受到教育。这种办学方针自然会使学风下移，对于普及中华文明起了积极作用。

| | | |
|---|---|---|
| 35岁 | 公元前517年<br>鲁昭公二十五年 | 鲁昭公因斗鸡事被季氏赶出鲁国。孔子奔齐。通过高昭子见齐景公 |
| 36岁 | 公元前516年<br>鲁昭公二十六年 | 孔子在齐，与齐太师语乐。闻《韶乐》，“三月不知肉味”。齐景公问政，欲以尼谿之田封孔子 |
| 37岁 | 公元前515年<br>鲁昭公二十七年 | 齐大臣晏婴等阻封孔子田。孔子离齐返鲁 |
| 39岁 | 公元前513年<br>鲁昭公二十九年 | 孔子对晋国铸刑鼎持非议 |
| 42岁 | 公元前510年<br>鲁昭公三十二年 | 鲁昭公死于晋国乾侯，孔子对季氏不满 |
| 46岁 | 公元前506年<br>鲁定公四年 | 孔子入鲁桓公庙，观欹器，论道 |
| 51岁 | 公元前501年<br>鲁定公九年 | 孔子任中都宰 |
| 52岁 | 公元前500年<br>鲁定公十年 | 孔子任鲁司空，后升大司寇。鲁定公与齐景公会于夹谷，孔子摄行相事 |
| 54岁 | 公元前498年<br>鲁定公十二年 | 孔子为削弱大夫势力而堕三都。攻下郈城、费城，郕城未攻下 |
| 55岁 | 公元前497年<br>鲁定公十三年 | 齐人惧孔子治鲁强盛，送女乐，鲁君怠于政事。孔子离鲁去卫。至匡、蒲被围。解围后又返卫 |
| 56岁 | 公元前496年<br>鲁定公十四年 | 孔子在卫，见南子，随卫灵公等出行，为次乘 |

**子曰：“君子食无求饱，居无求安，敏于事而慎于言，就有道而正焉，可谓好学也已。”**

**【译文】**孔子说：“一个君子，吃饭不要过饱，居住不要过于安逸，要多做事少说话，并且虚心地学习别人的长处，改正自己的短处，这就可以说是好学的人了。”

**【评述】**孔子用这样几句话为“好学”者下了定义，即包括生活不要过于安逸，努力做好工作和善于取长补短三项内容。历史上有为之士的重要成果，好多是发愤而作。有人夸夸其谈，不肯做踏实的工作，很不好。因为工作就是学习，整日“敏于事”，才能不断在工作中学习到以前没有学过和不懂的东西。“就有道而正焉”则是说不但认真学习，而且能用于实际，学习别人的长处，改掉自己的短处。学习别人的可学之

| | | |
|---|---|---|
| 59岁 | 公元前493年<br>鲁哀公二年 | 卫国内乱，灵公问阵，孔子不答。此后欲渡河去晋，未成 |
| 60岁 | 公元前492年<br>鲁哀公三年 | 孔子离卫，过曹，过宋，去郑，至陈 |
| 63岁 | 公元前489年<br>鲁哀公六年 | 孔子自陈去蔡，途间叶公问政。陈、蔡之间绝粮，仍“弦歌不衰”。之后去楚，楚昭王欲将书社之地封孔子，令尹子西等反对，未成 |
| 67岁 | 公元前485年<br>鲁哀公十年 | 孔子在卫时，夫人并官氏卒 |
| 68岁 | 公元前484年<br>鲁哀公十一年 | 季桓子遣使迎孔子，孔子自卫返鲁。删诗书，订礼乐，作《春秋》，教弟子先后3000人，身通六艺者70余人 |
| 69岁 | 公元前483年<br>鲁哀公十二年 | 孔子子孔鲤死 |
| 70岁 | 公元前482年<br>鲁哀公十三年 | 孔子自谓“七十而从心所欲，不逾矩”。学易，“韦编三绝”。弟子颜回死，孔子悲恸 |
| 71岁 | 公元前481年<br>鲁哀公十四年 | 此年春，西狩获麟，孔子作《春秋》绝笔。齐国陈恒弑其君。孔子请伐，未成 |
| 72岁 | 公元前480年<br>鲁哀公十五年 | 孔子弟子子路在卫国内乱中被杀 |
| 73岁 | 公元前479年<br>鲁哀公十六年 | 四月乙丑(夏历二月十一日)孔子死。葬于鲁城(曲阜)北泗上 |

处，不仅是学，而且还包括学了就用。这三点虽然还不够全面，但已说出了基本内容。孔子对“好学”所下的这个定义是有些道理的。

**子曰：“朝闻道，夕死可矣。”**

**【译文】**孔子说：“早上学到真理，（哪怕是）晚上死去，也心甘情愿。”

**【评述】**一个有出息的人，应为实现自己的理想而终生奋斗。孔子所追求的理想就是“道”，为了了解“道”和行“道”，他不要功名利禄，不图虚名，甚至可舍弃自己的生命。一个人有了这个劲头，就能终生为理想奋斗，百折不回，为社会作出贡献。这句话成为历史上有志者的座右铭。

# 附：《增广贤文》选编

《增广贤文》一名《昔时贤文》，大约成于清朝中叶。《重订增广》系清末一位老学究周希陶作。他把原作中认为不好的部分删掉，自己增补了一些内容。多讲各行各业修己律身、待人接物之道，整篇贯穿着抑恶扬善的意图。尽管作者对全文内容大致归类，又按平、上、去、入四声编排，但因内容庞杂，很难严格分类。今日选编，又删除大量内容，故也不成一完整体系，只是罗列古人的一些格言、谚语供人们阅读、参考而已。

昔时贤文，诲汝谆谆。集韵增广，多见多闻。

观今宜鉴古，无古不成今。

农工与商贾，皆宜敦五伦。

尊师以重道，爱众而亲仁。

钱财如粪土，仁义值千金。

处富贵地，要矜怜贫贱的痛痒；当少壮时，须体念衰老的酸辛。

鸦有反哺之孝，羊知跪乳之恩。

岂无远道思亲泪，不及高堂念子孙。

父子和而家不败，乡党和而争讼息，弟兄和而家不分，夫妇和而家道兴。

诸恶非作，众善奉行。

知己知彼，将心比心。

以责人之心责己，以爱己之心爱人。

再三须慎意，第一莫私心。

读书须用意，一字值千金。

酒逢知己饮，诗向会人吟。
平生不作皱眉事，世上应无切齿人。
平日不做亏心事，半夜不怕人敲门。
近水知鱼性，近山识鸟音。
路遥知马力，日久见人心。
远行思乡，叶落归根。
近水楼台先得月，向阳花木早逢春。
美不美，家乡水；亲不亲，故乡人。
在家不会迎宾客，出门方知少主人。
志从肥甘丧，心以淡泊明。
远水难救近火，远亲不如近邻。
一人一条心，无钱买根针。
两人一条心，有钱能买金。
但行好事，莫问前程。
十年树木，百年树人。
笨鸟先飞，大器晚成。
千里不欺孤，独木不成林。
旁观者清，当局者迷。
长江后浪推前浪，世上新人超旧人。
莺花犹怕风光老，岂可教人枉度春。
物极必反，器满则倾。
劝君莫作守财奴，死去何曾带一文。
良田万顷，日食三餐；大厦千间，夜眠八尺。
欲知三叉路，须问去来人。
一个篱笆三根桩，一个好汉三个帮。

一年之计在于春，一日之计在于晨。

一家之计在于和，一生之计在于勤。

岂能尽如人意，但求无愧我心。

偏听则暗，兼听则明。

来说是非者，便是是非人。

毋施小惠而伤大体，毋借公论而快私愤。

毋因己长而形人之短，毋因己拙而忌人之能。

勿恃势力而凌逼孤寡，勿贪口腹而宰杀牲禽。

莫道君行早，更有早行人。

牡丹花好空入药，枣花虽小能结实。

鼓打千槌，不如雷轰一声；良田百亩，不如薄技在身。

但存方寸地，留与子孙耕。

讳疾忌医，掩耳盗铃。

认真方知假，无奸不显忠。

人无千日好，花无百日红。

人老心不老，人穷志不穷。

白发不随老人去，转眼又是白头翁。

不自是而露才，不轻试以幸功。

待人无半毫诈伪欺隐，处事只一味镇定从容。

人情莫道春光好，只怕秋来有冷时。

善恶到头终有报，只争来早与来迟。

善有善报，恶有恶报。不是不报，时辰不到。

事业文章，随身消毁，而精神万古不灭。功名富贵，逐世转移，而气节千载如斯。

得宠思辱，居安思危。

成名每在穷苦日，败事多因得意时。

一言既出，驷马难追。

许人一物，千金不移。

日勤三省，夜惕四知。

博学而笃志，切问而近思。

少小不努力，老大徒伤悲。

若要人不知，除非己莫为。

静坐常思己过，闲谈莫论人非。

三人同行，必有我师。

心口如一，童叟无欺。

过则无惮改，独处无自欺。

养儿防老，积谷防饥。

常将有日思无日，莫待无时思有时。

当路莫栽荆棘树，他年免挂子孙衣。

鹬蚌相争，渔人得利。

城门失火，殃及池鱼。

人而不信，百事皆虚。

渴时一滴如甘露，醉后添杯不如无。

宁可正而不足，不可邪而有余。

认真还自在，作假费工夫。

百年成之不足，一朝坏之有余。

有田不耕仓廪虚，有书不读子孙愚。

救人一命，胜造七级浮屠；积金千两，不如一部好书。

乐不可极，乐极生悲；欲不可纵，纵欲成灾。

略尝辛苦方是福，不显职明便是才。

莫将容易得，便作等闲看。

万恶淫为首，百善孝为先。

妻贤夫祸少，子孝父心宽。

事亲须当养志，爱子勿令偷安。

不求金玉重重贵，但愿儿孙个个贤。

祭而丰，不如养之厚；悔之晚，何若谨于前。

言顾行，行顾言。

有容德乃大，无求品自高。

瓜田不纳履，李下不正冠。

将相头顶堪走马，公侯肚内好撑船。

不作风波于世上，但留清白在人间。

勿因群疑而阻独见，勿因己意而废人言。

路逢险处，为人辟一步周行，便觉天宽地阔；

遇到穷时，使我留三分抚恤，自然理顺情安。

明人思来年，笨人顾眼前。

忙中多错事，醉后吐真言。

不是撑船手，不要提篙竿。

好言一句三冬暖，恶语伤人六月寒。

知音说与知音听，不是知音莫与谈。

谗言败坏真君子，美色消磨狂少年。

但有绿杨堪系马，处处有路到长安。

老当益壮，穷且益坚。

由俭入奢易，由奢入俭难。

历览天下家与国，胜由勤俭败由奢。

少成若天性，习惯成自然。

枯木逢春犹再发，人无两度再少年。

一粥一饭，当思来之不易；半丝半缕，恒念物力维艰。

人学始知道，不学亦徒然。

愚而好自用，贱而好自专。

善恶关头休错认，一朝失足万劫难。

积德若为山，九仞高休亏一篑；

容人须学海，十分满尚纳百川。

为善最乐，为恶难逃。

养兵千日，用在一时。

不因渔父引，怎得见波涛。

春蚕到死丝方尽，恶语伤人恨难消。

无求到处人情好，不饮随它酒价高。

因风吹火，用力不多。

黄金未为贵，安乐值钱多。

黄金未为贵，和谐值万金。

人外有人，天外有天。

强中自有强中手，恶人自有恶人磨。

谦恭待人，忠厚传家。

根深不怕风摇动，身正何愁日影斜。

成家犹如针挑土，败家好似水推沙。

池塘积水堪防旱，田地深耕足养家。

早起三光，迟起三慌。

汤武以谔谔而昌，桀纣以唯唯而亡。

善必寿考，恶必早亡。

人为财死，鸟为食亡。

贪他一斗米，失却半年粮。
不贪为宝，两不相伤。
画水无风偏作浪，绣花虽好不闻香。
见善如不及，见恶如探汤。
秋至满山皆秀色，春来无处不花香。
坐吃如山崩，游嬉则业荒。
居身务期质朴，教子要有义方。
富若不教子，钱谷必消亡；贵若不教子，自身遭祸殃。
平生只爱说人短，何不回头把己量。
施惠勿念，受恩莫忘。
刻薄成家，理无久享；伦常乖舛，不久消亡。
君子不可貌相，海水不可斗量。
蓬蒿之下，或有兰香；茅茨之屋，或有公王。
既往不咎，覆水难收。
人无远虑，必有近忧。
勿临渴而掘井，宜未雨而绸缪。
宁向直中取，勿向曲中求。
驭横切莫逞气，止谤还要自修。
酒虽养性还乱性，水能载舟亦覆舟。
惧法朝朝乐，欺公日日忧。
儿孙自有儿孙福，莫与儿孙当马牛。
便宜莫买，浪荡莫收。
深山毕竟藏猛虎，大海终归纳细流。
到此已穷千里目，谁知才上一层楼。
若登高，必自卑；若涉远，必自迩。

君子爱财，取之有道。

人非善不交，财非义不取。

勿偏信而为奸所欺，勿自任而为气所使。

差之毫厘，谬以千里。

使口不如自走，求人不如求己。

好事不出门，恶事传千里。

青出于蓝而胜于蓝，冰生于水而寒于水。

量入为出，积少成多。

溪壑易填，人心难满。

用人取其长，教人责其短。

打人莫伤脸，骂人莫揭短。

水暖水寒鱼自知，花开花落春不管。

有短护短，更添一短；凡事自是，便少一是。

志宜高而身宜下，胆欲大而心欲小。

学者如禾如稻，不学者如蒿如草。

唇亡齿必寒，教弛富难保。

要学好人，须寻好友。引酵若酸，哪得好酒？

狗不嫌家贫，儿不嫌母丑。

勿贪意外之财，勿饮过量之酒。

进步便思退步，着手先图放手。

享现在之福如点灯，随点则随灭；

培将来之福如添油，愈添则愈久。

千里送鹅毛，礼轻情义重。

骨肉相残，煮豆燃萁；兄弟相爱，灼艾分痛。

和气致祥，乖气致戾。

玩人丧德，玩物丧志。

受宠若惊，闻过则喜。

创业困难，守成不易。

门内有君子，门外君子至；门内有小人，门外小人至。

家庭和睦，蔬食亦有余欢；骨肉乖违，珍馐亦减至味。

观过知仁，投鼠忌器。

富而无骄易，贫而无怨难。

举世好奉承，奉承非佳意。不知奉承者，以尔为玩戏。

物盛则必衰，有隆还有替。

路径窄处，留一步与人行；滋味浓厚，减三分让人尝。

一日为师，终身为父。

贫穷患难，亲朋相顾。婚姻死丧，邻里相助。

得意不宜再往，凡事当留余步。

一正压百邪，少见必多怪。

君子之交淡以成，小人之交甘以坏。

爱人者，人恒爱之；敬人者，人恒敬之。

言语忠信，行为笃敬。积善之家，必有余庆。

损友敬而远，益友亲而敬。

木受绳则直，人受谏则圣。

良药苦口利于病，忠言逆耳利于行。

智生识，识能断。

当断不断，反受其乱。

一毫之恶，劝人莫作；一毫之善，与人方便。

口说不如身行，耳闻不如目见。

传家二字耕与读，防家二字盗与奸，败家二字淫与赌，成家二字勤与俭。

年年防饥，夜夜防盗。

贤者不炫己之长，君子不夺人所好。

种瓜得瓜，种豆得豆。

大事不糊涂，小事不渗漏。

螳螂捕蝉，黄雀在后。

欺人是祸，饶人是福。

非学无以广才，非静无以成学。

生于忧患，死于安乐。

不患老而无成，只怕幼而不学。

临财毋苟得，临难毋苟免。

智者千虑，必有一失；愚者千虑，必有一得。

芝兰生于深林，不以无人而不芳；

君子修其道德，不为穷困而改节。

满招损，谦受益。

有麝自然香，何必当风立。

光阴似闪电，圣者惜寸阴。

有志者，事竟成。

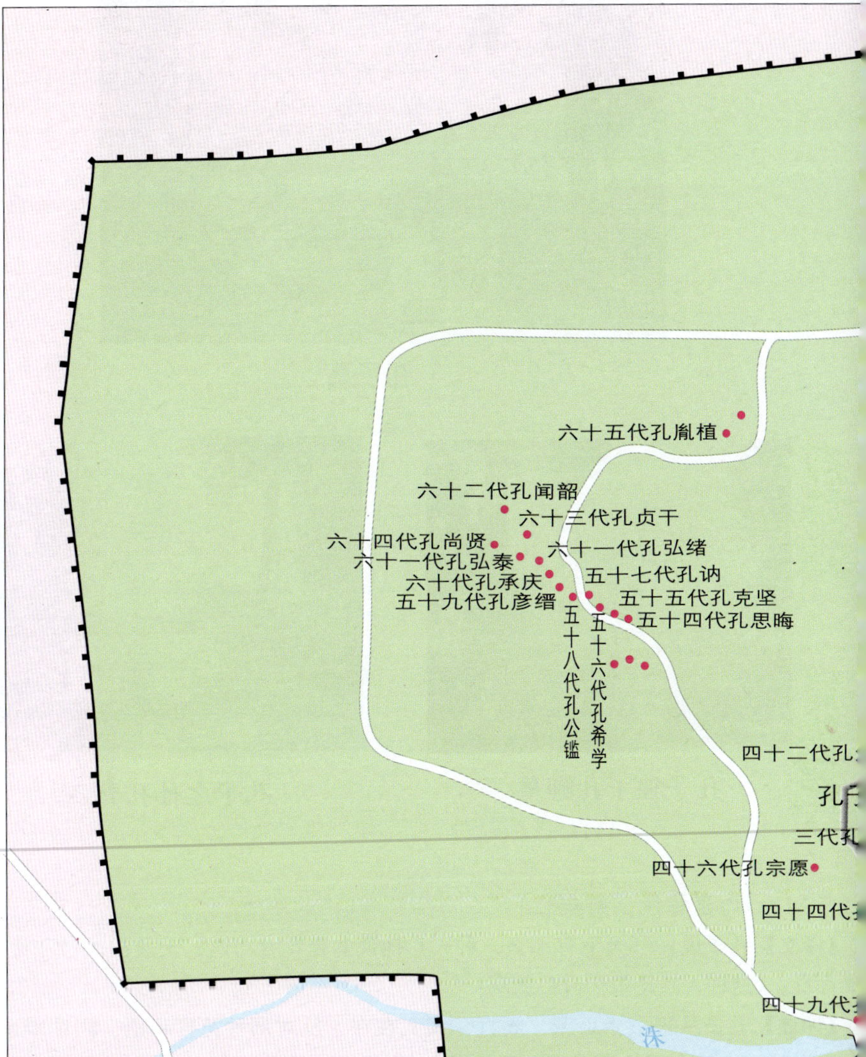
六十五代孔胤植
六十二代孔闻韶
六十三代孔贞干
六十四代孔尚贤
六十一代孔弘绪
六十一代孔弘泰
五十七代孔讷
六十代孔承庆
五十五代孔克坚
五十九代孔彦缙
五十四代孔思晦
五十八代孔公鉴
五十六代孔希学
四十二代孔
孔
三代孔
四十六代孔宗愿
四十四代
四十九代
洙

孔子墓

孔子独子孔鲤墓

孔子之孙孔伋墓

**子曰："巧言令色，鲜矣仁！"**

**【译文】** 孔子说："（天下有那么一种人）他说的是花言巧语，又装出一付和悦谦恭的面孔。（这种人）是很少有仁德啊！"

**【评述】** 孔子从来主张正派、鲠直、实实在在，反对那种花言巧语、阿谀奉承的人。孔子认为这种人不但在表面上伪装得令人生厌，更重要的是持这种态度的人，大多心术不正，另有卑鄙的意图，因而很少有（或者没有）什么仁德。古往今来的奸佞人物，不多是"巧言令色"吗？孔子这一分析，真是入木三分。

**子曰："君子周而不比，小人比而不周。"**

**【译文】** 孔子说："一个道德高尚的君子，对人讲的是有道理（有原则）的团结，而不